LE LIVRE DU DIVAN

STENDHAL

VOYAGE
DANS
LE MIDI DE LA FRANCE

ÉTABLISSEMENT DU TEXTE ET PRÉFACE PAR
HENRI MARTINEAU

PARIS
LE DIVAN
37, Rue Bonaparte, 37

MCMXXX

VOYAGE DANS LE MIDI.

VOYAGE DANS LE MIDI
DE LA FRANCE

STENDHAL

VOYAGE
DANS
LE MIDI DE LA FRANCE

D

PARIS
LE DIVAN
37, Rue Bonaparte, 37

MCMXXX

PRÉFACE DE L'ÉDITEUR

Le principal agrément, le premier inté-
rêt de ce Voyage dans le midi de la France [1]
résident, en dehors de tout ce qu'il nous ap-
prend sur la personne même de Stendhal,
dans les renseignements qu'il nous fournit
sur sa façon de composer. Nous tenons là
quelque chose d'analogue à ce Tour d'Italie en 1811 *que M. Paul Arbelet a mis au*
jour et que les lecteurs de cette édition trou-
veront à sa place dans le Journal. *De même*
qu'il faut reconnaître dans le Tour d'Italie
la version préparatoire de Rome, Naples
et Florence en 1817, *nous devons considérer*
ce Voyage dans le midi *comme l'esquisse*
d'un nouveau volume des Mémoires d'un
Touriste.

Nous savons pourquoi Stendhal eut l'idée
de cet ouvrage ; nous avons vu comment il
se documentait et comment il travaillait [2].

1. Ce titre jeté par Stendhal en tête de ses cahiers de
notes appartenait déjà à un ouvrage fort connu de Millin,
auquel Stendhal fait à plusieurs reprises allusion, se propo-
sant chaque fois de lui emprunter des renseignements
matériels.

2. Cf. la Préface de l'Editeur aux *Mémoires d'un Tou-*
riste, édition du Divan, 3 vol.

Prenant le plus souvent, pour point de départ, des souvenirs réels, l'écrivain complétait partout ce que lui avaient fourni sa mémoire et ses propres observations par de nombreux emprunts faits aux livres de voyage antérieurs au sien, et il interrogeait tous ses amis sur les régions qui leur étaient connues.

S'il avait eu le loisir de rédiger les notes qui forment le présent livre, il n'aurait point agi différemment. Il leur aurait fait subir plus d'un remaniement et y aurait beaucoup ajouté. Assez souvent déjà il avait indiqué d'un mot sur son manuscrit ce qu'il comptait prendre, à droite et à gauche, de renseignements techniques. Mais le peu d'empressement des éditeurs le détourna sans doute vers d'autres besognes. La chute de M. Molé, son protecteur, ne lui laissa peut-être pas ultérieurement le temps de rédiger son carnet de voyage. Toujours est-il que rentré à Paris et fatigué, paraît-il, d'une si longue excursion, il ne semble pas s'être remis immédiatement au travail. Puis la fantaisie le prit d'écrire la Chartreuse, ce qu'il fit avec une incroyable rapidité avant de reprendre le chemin de son consulat.

Quand Sthendhal avait commencé ses Mémoires d'un Touriste, il pensait certainement que l'ouvrage complet comprendrait un assez grand nombre de volumes. En février 1838, il avait remis les deux premiers

à l'imprimeur. Il devait dès lors garder par
devers lui la copie nécessaire pour remplir
un troisième tome, ou tout au moins il en
avait suffisamment avancé la rédaction pour
pouvoir, lorsqu'il quitta Paris au début de
mars, indiquer en tête du manuscrit qu'au
cas où au moment de l'impression du
deuxième volume la matière en serait insuf-
fisante, on n'aurait qu'à prendre vingt ou
cinquante pages de celui-ci. Une autre note
qui figure également sur les quelques feuil-
lets conservés de ce troisième volume nous
apprend encore que le 5 mars, Beyle tra-
vailla au chapitre sur Marseille. Le 8, il
partait pour Angoulême et Bordeaux, premières étapes d'un voyage de cent trente-cinq
jours au cours duquel il comptait recueillir
les impressions nécessaires à la composition d'un quatrième tome, que nous ne con-
naîtrons jamais que dans sa forme impromptu de journal, avec son désordre, ses négli-
gences et ses lacunes. Car Stendhal n'apporta que bien peu de retouches à ces pages
primitives que l'on ne pouvait publier qu'à
part et sous un titre distinct. A peine en
a-t-il corrigé le début et a-t-il déplacé quelques fragments du manuscrit en vue de la
copie qu'il comptait en faire exécuter. Mais
il se souvint sans doute de ce qu'il avait
appris en 1838, pour compléter le chapitre
déjà consacré à Marseille dans le troisième

volume, auquel il travaillait précisément au moment où il se mit en route. Le lecteur ne sera pas en effet sans remarquer qu'il y a sur quelques points de la description de cette ville de grandes ressemblances entre la partie publiée par Colomb en 1854 d'une part (partie qui fait l'objet du tome III de mon édition des Mémoires d'un Touriste), *et les notes impromptu qui font l'objet du* Voyage dans le midi de la France, *d'autre part.*

Le manuscrit autographe du Voyage dans le midi de la France *se compose de cinq cahiers conservés à la Bibliothèque de Grenoble sous la cote R 303. L'écriture en est particulièrement hâtive et malaisée à déchiffrer. Il faut louer M. Louis Royer qui le premier, en 1927, en a donné, aux* Horizons de France, *une édition luxueuse précédée d'une introduction très remarquable, d'avoir pu mener à bien une entreprise si ardue. Peut-être, arrivant après lui et m'aidant de son propre travail, ai-je encore pu le modifier sur quelques rares points de détail. Il me faut toutefois indiquer que j'ai non seulement profité partout de sa pertinente lecture, mais que sans elle je n'aurais souvent abouti qu'à des résultats bien imparfaits.*

** **

Ces pages, on le verra, s'interrompent

*brusquement à la date du 22 mai. Le voyage
de Beyle était loin cependant d'être terminé.
Après avoir vu Bordeaux, Toulouse, Pau,
Marseille, Toulon, Grasse, Cannes et Valence, il continua par la Suisse, l'Allemagne
et les Pays-Bas, et ne rentra à Paris que le
22 juillet 1838.*

*Entre tant, il était passé par Grenoble.
Quelles impressions en garda-t-il? Nous ne
le saurons jamais. Déjà il en avait tracé
un crayon bien joli à la fin des Mémoires
qui allaient bientôt voir le jour. Il n'est
pas douteux que sa ville natale lui apparais-
sait avec l'âge sous un éclairage tout nouveau. La rancune de son enfance froissée, ses
petites blessures d'amour-propre venaient
à résipiscence. Il se rendait mieux compte
que là vivaient les hommes et les femmes dont
le sang était le plus semblable au sien. Aussi
son émotion eût été grande et sans doute sa
dernière peinture d'une grâce toute corré-
gienne, s'il se fût douté qu'il contemplait
pour la dernière fois les montagnes aimées
de ses jeunes ans. Hélas ! ces pages, nous
ne saurions trop le regretter, n'ont jamais
existé ou n'existent plus.*

*Faut-il croire qu'à Valence, subitement
fatigué d'écrire au jour le jour tout ce qu'il
voyait et entendait, Beyle ait cessé d'en tenir registre, faut-il penser qu'il entama alors
de nouveaux cahiers, malheureusement per-*

dus ? Rien ne nous permet de décider entre l'une ou l'autre hypothèse. On peut seulement imaginer que si le succès des premiers volumes avait répondu à son attente, Beyle, sollicité par son éditeur, tenté par l'appât d'un beau traité, eût délaissé tous ses autres travaux pour une édition augmentée des Mémoires d'un Touriste *en quatre ou cinq volumes. Toute la fin en eût été consacrée à de pittoresques impressions des bords du Rhin et Stendhal prendrait aujourd'hui la figure imprévue d'un précurseur de Victor Hugo.*

À moins que nous n'acceptions, comme une explication suffisante de son silence sur la seconde partie de son voyage, ce qu'il dit de ses sentiments pour les pays du Nord dans une note tracée plus tard sur l'exemplaire des Mémoires d'un Touriste *qui appartient à la bibliothèque Primoli :* « De Saint-Omer à Lille, Valenciennes et Mulhouse, règnent la machine à vapeur et le gros négociant enrichi. Je le respecte fort comme utile, mais il me mépriserait comme futile et je demande la permission de ne pas le décrire (voilà l'excuse pour ne pas parler de cette partie de la France dont l'étude me dégoûte). » *Mais alors pourquoi y avoir passé tant de jours ?*

Puis, dans la conjecture bien stérile d'une édition très augmentée des Mémoires d'un

Touriste *qui lui eût pris tout son temps, on
doit se demander si la* Chartreuse *eût pu
alors être écrite !*

*Mais cessons de rêver. Des deux derniers
mois de voyage de Stendhal nous ne connaissons que le peu qu'il nous en rapporte
dans une lettre de Strasbourg en date du
2 juillet, et la liste des principales villes traversées qui se trouve sur un « état des distances parcourues dans le voyage de 1838 ».
Cet état, où il ne manque précisément que
l'indication des distances, se peut lire en
appendice de la présente édition.*

*

*Pour la seule partie de ce voyage dont nous
connaissons aujourd'hui le manuscrit, que
nous l'acceptions comme un complément aux*
Mémoires d'un Touriste *ou que nous la
considérions comme un fragment du Journal de Stendhal, il en faut bien proclamer
l'importance et la richesse. Elle forme un
recueil charmant où revit une époque révolue
et où nous retrouvons l'auteur au naturel,
sans l'interposition d'aucun écran. Encore,
est-ce surtout un auteur ? C'est bien plutôt
un homme plus occupé à jouir de toutes les
sensations qui l'assaillent qu'à les noter en
vue d'un livre dont il fuit le souvenir autant
qu'il peut. Et pourtant a-t-il jamais fait*

quelque chose qui lui convînt davantage ?
N'a-t-il pas, suivant sa jolie formule, « le
bonheur d'avoir pour métier sa passion » ?

Aussi retrouvons-nous dans son cahier
toute la fraîcheur, toute l'ingénuité de sa
joie, avec le premier jet de son inspiration.
Partout il nous parle de ce qu'il a vu, nous
donne sur chaque chose son appréciation
et nous indique de façon bien curieuse ce
qu'il en coûtait de vivre et de voyager en ce
temps-là. Nous reconnaissons à toutes les
pages ses théories générales sur les arts,
son goût des paysages, sa curiosité inlas-
sable devant les hommes. Il ne ruse jamais
avec lui-même, dit toujours fort nettement
ce qu'il croit la vérité du moment. Il s'amuse
prodigieusement devant la nouveauté d'un
spectacle toujours changeant et c'est avec
un frémissement de plaisir qu'il consigne
hâtivement ses impressions toutes vives,
pensant bien moins à ses lecteurs futurs qu'à
s'enrichir lui-même, à s'analyser, à satis-
faire son désir de tout comprendre. « Je
me borne à écrire des sensations, recon-
naît-il quelque part sur son manuscrit, qui
souvent, il est vrai, ne peuvent pas souffrir
le grand jour de l'impression. » Il s'en
donne à cœur joie et nous ravit à chaque nouveau trait de son esprit toujours jeune.

Qu'il est amusant de se retrouver, le temps
de cette lecture, son compagnon de voyage ;

de l'entendre pester contre les cafés où l'on
ne savait pas lui apporter d'eau bouillante
pour son thé ; de respirer l'arome de tant de
cigares qu'il brûlait ; de le voir rouler les
premières cigarettes avec cette main fine qui
rappelait, paraît-il, celle de Mirabeau et
dont lui, le cher homme, bien marri de ne
point ressembler à un Apollon, savait tirer
quelque discrète vanité ; de s'instruire avec
lui sur les trois races primitives d'où descendent tous les Français actuels ; de rencontrer encore sous sa plume son dédain de
la démocratie quand il attribue à Duclos
une pensée de Chamfort pour affirmer avec
force « que le public en masse, surtout dirigé par des Echevins, ne s'élève jamais qu'à
des idées basses ».

Mais surtout, à côté de ses petites manies,
de ses habitudes intellectuelles, de ses idées
partisanes, n'oublions pas son exquise sen-
sibilité. Elle tamise tous ses jugements, toutes
ses remarques. Et le jour où Beyle sur la
route de Montpellier se laisse aller tout à
coup à son plus doux penchant, à la rêverie
tendre, écoutons-le bien. C'est une confidence singulièrement nette et sans forfan-
terie qu'il exhale au clair de lune comme un
héros romantique, sans jamais toutefois
élever la voix et sans être dupe un instant
de sa propre émotion. Une confidence dont
peut-être nous aurons à faire notre profit,

*comme de tout ce que sa plume a tracé, ou
dont nous devrons tout au moins ne jamais
oublier l'accent d'une si profonde humanité :*

Pourtant le temps était superbe et
une lune magnifique éclairait le paysage.
Autrefois, dès que j'étais seul, je rêvais
à des aventures d'amour tendres et romanesques plutôt que flatteuses pour l'a-
mour-propre. Depuis, je suis devenu moins
sot ; j'ai appris ce que vous savez, — mais
je l'ai appris lentement, — qu'il faut surtout
intéresser l'amour-propre, et, avant tout,
cacher, comme le plus funeste des désavantages, la passion que l'on pourrait sentir. Si l'on est tellement sûr de vous, on
ne songera plus à ce qui peut vous rendre
aimable.

Cette belle science m'a rendu peut-être
moins gauche dans l'occasion, quoique
je le sois toujours beaucoup, mais elle m'a
volé mes charmantes rêveries de voyage.
Maintenant, je songe aux arts ou aux campagnes de Napoléon. Ce dernier sujet
est triste pour moi ; je me vois tombé
dans une époque de transition, c'est-à-dire
de médiocrité ; et à peine sera-t-elle à moitié
écoulée, que le temps qui marche si lentement pour un peuple et si vite pour un individu, me fera signe qu'il faut partir.
J'étais bien plus fou, mais bien plus heu-

reux quand, sans en rien dire à personne,
et déjà grand garçon et donnant des signatures officielles, je songeais toujours
aux passions que je me croyais à la veille
d'éprouver, de sentir et peut-être d'inspirer. Les détails d'un serrement de mains
sous de grands arbres, la nuit, me faisaient rêver pendant des heures entières ;
maintenant, j'ai appris à mes dépens, qu'au
lieu d'en jouir, il faut en profiter sous peine
d'être aux regrets deux jours après. Hé
bien ! je voudrais presque redevenir une
dupe et un nigaud dans la réalité de la
vie, et reprendre les charmantes rêveries
si absurdes qui m'ont fait faire tant de sottises, mais qui seul, en voyage, comme ce
soir, me donnaient des soirées si charmantes et qui, certes, ne pouvaient porter
ombrage à personne.

Depuis que je sais faire un peu cette
guerre, je dédaigne souvent d'entrer en
campagne ; un rien suffit pour m'inspirer
du mépris. Je me gourmande, un an après,
d'avoir méprisé ; mais ce sentiment est
plus fort que moi, dans le moment sur le
champ de bataille, et la raison, pour me
consoler de cette malheureuse facilité à
mépriser ce qu'il eût fallu aimer, vient me
répéter ce qui est faux, c'est qu'à un certain âge il ne faut plus aimer. Tant qu'on
est capable d'aimer pour son esprit char-

mant, pour sa naïveté parfaite, une femme
parfaitement bête ou souverainement comédienne, tant qu'on peut avoir une illusion complètement absurde, on peut aimer.
Et le bonheur est d'aimer bien plus que
d'être aimé.

*Il y a de nombreuses pages aussi belles,
dans tous les livres de Stendhal, dans ses
grands romans, dans ses écrits intimes, il
n'en est pas une plus belle et qui nous touche
davantage. A elle seule elle justifie cette
amitié jalouse que nous lui portons, à cet
homme charmant, pudique et blessé, que
nous chérissons surtout pour avoir si bien
su exprimer, sans vaines plaintes et avec
une lucidité parfaitement calme, son cœur
secret et courageux.*

Henri MARTINEAU.

JOURNAL
DE MON VOYAGE

A NGOULÊME, le samedi [10 mars 1838][1],
à 4 heures.

Sourcils admirables des femmes d'Angoulême. C'est vraiment l'arc d'ébène
dont parlent les *Mille et une Nuits*.

La ville est située, comme Pérouse en
Italie, comme Rieti, sur le sommet d'une
colline en pain de sucre, de façon que, de
l'extrémité occidentale de la promenade
composée d'assez beaux arbres, la vue
plonge sur une belle vallée et remonte
ensuite jusqu'aux jolies collines placées
en amphithéâtre de l'autre côté de la
vallée et parallèles, ce me semble, à celle
sur laquelle Angoulême est restée.

C'est une de ces villes qui ne sont point
descendues dans la plaine, quand la peur
d'être saccagées tous les dix ans n'a plus

1. Messieurs de la police, ici, rien de politique. J'étudie : les vins, le cocuage, et les églises gothiques ou romanes.
L'auteur a 35 ans et voyage pour les affaires de son commerce ; il est marchand de fer.

été le sentiment dominant des pauvres bourgeois. Dans le moyen âge ils étaient protégés par les rois de France qui étaient loin, et régulièrement pressurés par les seigneurs du voisinage qui cédaient à leurs mouvements de colère et se faisaient pour un rien la guerre entre eux, bien persuadés que l'argent des bourgeois les empêcherait de sentir les désagréments de la misère, après tant d'argent dépensé mal à propos à la guerre.

Sur les bords de la Charente, avant de monter à Angoulême, mon œil charmé a aperçu les premiers bourgeons des haies de sureaux donnant signe de vie après le si rude hiver (1837 à 1838).

BORDEAUX, dimanche 11 mars 1838[1].

Parti de Paris le 8 mars à quatre heures trois quarts après midi, je suis arrivé à Bordeaux le dimanche 11 mars, à quatre heures et un quart du matin. J'étais tellement endormi par la fatigue que je ne me suis pas aperçu du passage sur le fameux pont de Bordeaux, dont je me faisais une fête.

Vers les quatre heures et demie, la dili-

1. Corrigé le 17 mars pour être transcrit.

gence s'est arrêtée presque vis-à-vis le théâtre, sur la magnifique place nommée les Allées de Tourny. Un commissionnaire s'est chargé de mes effets et je suis arrivé chez M. Baron, à l'*Hôtel de France*, tellement accablé de fatigue que je craignais d'avoir oublié la moitié de mes effets à la diligence. C'est un malheur qui m'arrive souvent. J'ai une belle et bonne chambre, étroite et haute, avec une fenêtre, n° 21 A. Je dors jusqu'à une heure après-midi. Je trouve qu'il a plu. Je vais déjeuner à deux heures au *Café du Théâtre*. Pas d'autres journaux que ceux de jeudi ; en effet, je suis venu en 71 heures 3/4. La malle ne met que 43 heures, dit-on, mais elle est partie de Paris vendredi, 25 heures après moi.

Beauté supérieure du magnifique quai de la Garonne que j'ai trouvé encore supérieur à l'idée qui m'en était restée. J'ai eu bien des idées en revoyant Bordeaux, que je n'avais fait qu'entrevoir en 1828, mais je suis trop fatigué pour les écrire. Il est dix heures du soir (toujours dimanche), je sors de *la Juive*. Principal rôle pas mal chanté par Mme Pouilley qui, à défaut de beauté, possède une belle voix point aigre. J'ai trouvé un assez bon dîner et assez bonne compagnie à l'hôtel où je vais loger ; mais ce dîner, qui commence à

cinq heures et quart, a lieu dans [une] vaste
salle au rez-de-chaussée, noire, sans lumière, peu élevée et telle qu'une salle plus
triste n'existe peut-être pas à Genève, et
nous sommes à Bordeaux, centre de la
vivacité gasconne, ville plus méridionale
que Valence.

— Lundi, 12 mars.

Lorsque, vers les minuit, par un beau
clair de lune, on sort de la rue Sainte-
Catherine et que l'on voit à droite cette
magnifique rue du Chapeau-Rouge, à
gauche, la rue des Fossés de l'Intendance,
en face, la place du Théâtre, au delà, la
place de Tourny et les échappées de vue
sur les Quinconces plantés d'arbres, on
se demande si aucune ville du monde offre
des aspects aussi imposants. Notez que la
rue du Chapeau-Rouge qui se termine
vers le bas par les mâts des vaisseaux qui
couvrent la Garonne, s'élève vers la
place du Théâtre par une pente magnifique que continue la rue des Fossés de
l'Intendance. Elle se termine elle-même
par la place Dauphine, grande et régulière.
De ce point, la vue de la Garonne [et] de
la foule des navires est interceptée par les
Bains, vieil édifice plat, que l'on pourrait

démolir et transporter aux bains des Quinconces.

A chaque instant on est arrêté à Bordeaux par la vue d'une maison magnifique. Quoi de plus heureux que celle du café Montesquieu, sur les Quinconces? Je voulais citer une maison de la rue des Fossés située à côté d'une rue transversale, mais les rues ici ne portent point leurs noms. Les échevins, fort économes pour ces sortes de dépenses, prétendent que tout le monde connaît les rues.

Tous les premiers étages sont beaux à Bordeaux. La plupart ont douze ou quinze pieds d'élévation et de magnifiques balcons, et la rue a quatre pieds de large. Les corniches, vers le haut des maisons manquent de largeur, ce qui ôte la physionomie et produit un effet mesquin. Leurs ornements, de fort mauvais goût et fort travaillés, donnent de la petitesse, mais si jamais les yeux bordelais voient ces défauts, ils sont faciles à corriger.

Je vais aux Feuillants, église du collége, dans l'espoir de voir le tombeau de Montaigne. Le prêtre qui dessert la chapelle a emporté la clef.

Ce qui frappe le plus le voyageur qui arrive de Paris, c'est la finesse des traits, et surtout la beauté des sourcils des femmes de Bordeaux.

A Paris, on trouve trop souvent des traits communs et lourds qui quelquefois expriment des pensées très fines. Ici la finesse est naturelle ; les physionomies ont l'air délicat et fier sans le vouloir. Comme en Italie les femmes ont, sans le vouloir, *ce beau sérieux* dont il serait si doux de les faire sortir.

J'ai été saisi par cette idée hier au sortir des vêpres, vers les trois heures ; je me promenais par hasard sur la belle place du Théâtre qu'on appelle les *Allées de Tourny* et me suis trouvé justement au débouché de la rue qui conduit à la place du Chapelet au moment où tout le beau monde sortait de l'église à la mode. Beauté idéale, *à la Schidone*, de la jeune fille qui vend des oranges et des bouquets de violettes au coin de cette rue ; sa coquetterie admirable, c'est-à-dire ressemblant parfaitement à un simple mouvement de vanité et d'amitié, envers un rustre de sa connaissance qui passait devant elle *sans lui parler*.

Ce qui augmente l'effet charmant de cette finesse naturelle des traits, c'est que, jusqu'ici du moins, je n'ai pas vu d'*affectation*. Sans doute il y en a, mais un homme qui sort du plein soleil et entre dans une grotte, la trouve d'abord peu éclairée.

Hier j'ai commencé mes courses par une promenade le long de cet admirable demi-cercle que la Garonne forme devant Bordeaux. J'ai revu cette admirable promenade qui a remplacé le Château-Trompette, définitivement démoli en 1814 ou 15. La *tradition* est si belle chose que personne ne peut me donner cette date exactement. Les arbres sont donc bien jeunes ; la plupart cependant ont bien trente pieds de haut et font voûte. Quelle différence si l'on eût planté des marronniers au lieu de tristes ormeaux !

La colline vis-à-vis, à une demi-lieue au delà de la Garonne, sur la rive droite, faite exprès pour plaire aux yeux. Elle vient se terminer au fleuve, au village de Lormont, à l'extrémité nord de cet admirable demi-cercle. Le fleuve court au nord. La ville est sur la rive gauche au couchant et la colline de Lormont occupe la rive droite.

Bordeaux est, sans contredit, la plus belle ville de France. Elle est un peu en pente vers la Garonne. De toutes parts on aperçoit ce beau fleuve tellement couvert de navires que, pendant assez longtemps, je remarquais qu'il eût été impossible de tendre une corde d'un bord à l'autre sans passer sur un navire. Tous étaient pavoisés à cause du dimanche.

Après deux heures d'admiration, il a bien fallu quitter cet admirable quai des Chartrons, cette sublime promenade des *Quinconces* qui a remplacé le Château-Trompette.

Le grand soleil de mars, vu pour la première fois et auquel je m'étais exposé imprudemment, m'avait fait mal à la tête. J'ai pris un fiacre.

— Rue des Minimes n° 17.

C'est là qu'était la maison de Montaigne; je l'ai trouvée démolie depuis quatre ans ; elle est remplacée par une caserne de gendarmerie. Ah ! Messieurs les Bordelais, quoi ! sur une des pierres de taille qui forment le mur de cette caserne qui a remplacé toutes les maisons à partir du n° 10 jusqu'au n° 23, vous n'avez pas pu dépenser 25 francs pour faire graver par le tailleur de pierre : Ici était la maison de Montaigne ; elle portait le n° 17 et fut démolie en 1833 !

Je suis allé aux Feuillants pour revoir son tombeau dont je me souvenais fort bien, à cause surtout des ridiculissimes épitaphes dont il est chargé. Le portier me dit :

— Ah ! Monsieur, avez-vous parlé à M. l'abbé N... ?

— Je n'ai pas l'honneur de le connaître.

— C'est lui qui a la clef de l'église ; elle
n'est ouverte que de huit à neuf heures du
matin. Si vous connaissiez M. l'abbé N.,
vous pourriez prendre rendez-vous avec
lui pour voir le tombeau de Montaigne.

Pauvre Montaigne ! mis sous la garde
d'un de ces abbés qui veulent empêcher les
dames de la société de charité de donner
un bal samedi prochain à la mi-carême !

Ce trait a été le premier qui m'ait blessé
depuis Paris. Ce n'est pas grand'chose,
à vrai dire ; aussi je n'offre point mon
âme comme un modèle, bien loin de là ;
je me borne à écrire des sensations qui
souvent, il est vrai, ne peuvent pas
souffrir le grand jour de l'impression.

J'ai quitté mon fiacre et me suis mis à
errer dans les environs du magnifique
Cours d'Aquitaine (nous appellerions ça à
Paris boulevard d'Aquitaine). J'ai vu la
belle façade gallo-grecque de l'hôpital et
la vieille église gothique de Sainte-Eula-
lie, vis-à-vis la caserne.

De là, je suis bien vite revenu au rivage
de la Garonne ; je me dirigeais, en descendant la rue, sur l'Arc de triomphe qui
est au bout du pont.

— Mardi, 13 mars.

Un critique pourrait dire : « Oui, Bordeaux est la plus belle ville de France par *l'espace* donné aux rues, aux places, aux boulevards, aux quais, mais non par le style des bâtiments. » Je répondrais : « Bordeaux n'a rien ou presque rien à opposer aux assez vilains monuments qui font l'orgueil de Paris : la fontaine de Grenelle, le portail de Saint-Gervais et autres adorations de Voltaire et de son siècle ; mais les maisons de Bordeaux valent beaucoup mieux que les maisons bâties à Paris avant 1837. » Depuis un an, on a commencé à élever sur le boulevard trois ou quatre maisons qui ont quelque style, par exemple une maison en deçà de la porte Saint-Denis qui copie assez bien le style des imitateurs de Palladio.

Les maisons de Bordeaux offrent le style de Louis XV ennobli par l'espace. Elles sont bâties en belle pierre blanche et peu dure ; je la vois scier par les maçons. Les étages ne sont point serrés les uns sur les autres. Les ornements des fenêtres, les corniches sous le toit sont d'un effet moins plat qu'il n'appartient à ce pauvre style. Quel malheur que les architectes qui, depuis la démolition du

Château-Trompette vers 1815, dirigent les bâtiments de Bordeaux, n'aient pas vu Rome ou seulement Gênes ! Rien dans cette ville ne s'écarte du plat style de Louis XV, importé par le maréchal de Richelieu qui la tyrannisa longtemps. Tous les premiers étages sont beaux et élevés à Bordeaux : voyez la magnifique rue du Chapeau-Rouge. Même au midi de cette rue, c'est-à-dire dans la partie la plus vieille de la ville, les rues sont larges ; souvent elles sont coupées de beaux boulevards ; en général les maisons de ces anciennes rues n'ont pas plus de deux étages, souvent un seul, et enfin presque toutes ces rues sont en pente. Voilà bien des avantages.

Je le dis avec un véritable regret, car j'aime les habitants de Bordeaux et leur vie tout épicurienne et à mille lieues de l'hypocrisie sournoise et ambitieuse de Paris, mais enfin la vérité me crie : Qu'est-ce qu'un écrivain qui ment ? — je le dis donc avec peine : ce théâtre, dont les Bordelais sont si fiers, ne vaut rien comme architecture. Douze colonnes corinthiennes grêles et malheureuses de leur position, soutiennent un énorme entablement surchargé de douze statues ridicules. Dès qu'on s'éloigne un peu, on aperçoit un vilain toit, énorme et lourd. Cela est plus

grand mais est peut-être aussi laid que
l'Odéon de Paris. Au total cet édifice,
isolé entre une place et trois rues, est
horriblement lourd. Sur les trois côtés
qui ne sont pas occupés par les douze
pauvres petites colonnes corinthiennes,
règnent des pilastres d'une lourdeur incroyable. Derrière ces pilastres énormes,
on trouve un passage assez obscur qui
peut servir de promenade à couvert et où,
dans le fait, ce soir, par la pluie, je me
suis promené une heure. Mais j'étais seul.
Ce triste portique n'est point lieu de rendez-vous comme le charmant portique de
Brescia, par exemple. Le côté le moins
laid de la salle de spectacle est celui du
levant opposé à la façade.

Ce gros édifice isolé termine au midi la
magnifique place appelée les Allées de
Tourny, et comme il forme un angle avec
l'axe de cette place, comme il est placé
un peu en fuyant, un portique qui aurait
un peu de style produirait un effet sublime.
Mais pour que les monuments construits
par un architecte disent quelque chose à
l'âme, il faut que lui-même ait de l'âme.
Rien de plus rare en France. L'âme y
donne un ridicule aux gens : voyez le vieux
Corneille. L'âme fière d'un véritable artiste déplaît souvent au pouvoir : voyez
la vie de Michel-Ange. Or l'architecte

ne peut rien faire s'il ne plaît pas au ministre. L'architecture sera donc le dernier des arts qui pourra renaître en France.

Hier dimanche, jour de mon arrivée, je lisais dans le feuilleton assez bien fait d'un journal de Bordeaux : « Notre salle, la plus belle de France et même de l'Europe. » Cette grossière erreur, fille de la vanité gasconne, est cependant fort utile : *noblesse oblige*. En vertu de la beauté de leur théâtre, qu'ils croient suprême, les Bordelais se figureront peut-être qu'ils aiment les arts et ils donneront quelque argent pour cultiver chez leurs enfants le sentiment du *beau*.

L'intérieur de ce théâtre, où j'ai entendu ce soir cette musique vide de *la Juive* pas trop mal chantée par Mme Pouilley, est fort commode. L'*atrio* (vestibule), d'une architecture *sèche*, est orné de colonnes beaucoup trop grêles, comme celles de la façade. Sur le premier palier de l'escalier qui règne au fond de ce vestibule, j'ai trouvé emprisonné dans une grille un buste *niais*, style de Louis XV : c'est celui de M. Louis, architecte immortalisé par cette salle, bâtie en 17[73].

L'intérieur de la salle proprement dite est peut-être ce qu'il y a de plus laid dans tout ce monument. La place ordinairement destinée aux spectateurs, est usurpée par

huit grosses colonnes corinthiennes. Elles
sont placées le long du mur demi-circu-
laire, et séparent les loges qui avancent
sur la salle, comme autant de balcons
arrondis par les angles. Je n'ai jamais
rien vu de plus laid. Cela n'est pas misérable, comme les granges qui servent
de salles de spectacle dans plusieurs
villes de province, (Grenoble par exemple),
cela est sot et donne envie de siffler l'auteur. Les loges du rez-de-chaussée, encore
plus ridicules, ont été réduites à une
forme honnête, il y a quelques années,
lorsqu'on a peint des dieux et des déesses
au plafond.

Les nigauderies de détail ne manquent
point à cette salle. Des stalles d'orchestre
par exemple, on ne voit pas les pieds des
danseuses, et cependant ce qu'on aime le
mieux à Bordeaux, c'est le ballet.

J'ai été fort sensible à un bon feu qui
brillait dans un foyer, d'un aspect fort
sale, boisé et la boiserie peinte autrefois
en gris. Là se trouve le portrait de Romain-
ville, excellent Crispin qui, en 1784, exci-
tait des transports de joie à Bordeaux.

— 14 mars.

Ce matin j'ai oublié la vie pendant deux heures. Je respirais les premières bouffées de l'air doux du printemps sur cet admirable quai dont le centre est marqué par deux colonnes rostrales.

C'est de celui-là que les Bordelais pourraient dire avec vérité ce qu'ils répètent sans cesse de leur théâtre, qu'il n'a pas son pareil en France et peut-être en Europe, Naples excepté ; et encore le quai de Bordeaux a un genre de beauté qui manque tout à fait à Chiaia, c'est le spectacle de cette activité et de ces navires qui arrivent chaque jour de toutes les parties du monde. Il serait trop long de les compter ; on peut dire que pour l'œil de l'amateur de paysages, ils sont innombrables, et cependant ils ne sont pas rangés, comme à Londres, de cette façon mercantile et sage qui fait songer à l'ordre si nécessaire au commerce et distrait presque tout à fait de l'idée de beauté.

C'est avec peine que je me suis arraché à cette admirable activité, à cette vie du quai de Bordeaux pour aller commencer le métier de voyageur et voir Saint-André. M. Millin, digne modèle des gens d'Académie, servile non moins que vaniteux, et dont le nom sur le titre de son voyage est suivi de quatorze lignes en petits caractères donnant les noms de toutes les Académies dont il est membre, dit que Saint-André... [1].

Aujourd'hui que la mode a changé, il s'extasierait en phrases emphatiques, copiées de M. de Chateaubriand sur les sublimes beautés de Saint-André. En 1826, M. Boutard qui tenait le sceptre des beaux-arts dans les *Débats*, disait : ... [2].

Ces blasphèmes ne peuvent pas plus nuire à Saint-André que les phrases ampoulées de l'admiration actuelle dans laquelle les méchants croient apercevoir l'espérance de faire la cour à la bonne compagnie et d'être portés, par son estime, à tous les avantages sociaux. Ce qui reste sur les monuments c'est, ce me semble, l'expression de ce qu'un cœur sincère a senti en leur présence.

Cette noble église de Saint-André bâtie par les Anglais en 1252, n'a qu'une nef fort

1. Stendhal a laissé en blanc dans son manuscrit la place de la citation que sans doute il avait l'intention de copier dans Millin : *Voyage dans les départements du midi de la France*, tome IV. N. D. L. E.

2. Stendhal laisse en blanc la citation qu'il comptait emprunter à M. Boutard. M. Louis Royer, dans son excellente édition, fait remarquer que, dans ses articles parus aux *Débats* en 1826, M. Boutard ne parle aucunement de Saint-André. N. D. L. E.

large, de la forme d'une carte à jouer.
Les arêtes de la voûte sont marquées
par une foule de nervures fort saillantes.

On descend dans cette nef par sept à
huit marches que l'on trouve en entrant
après avoir passé sous un portique de la
Renaissance qui ne fait point disparate
avec les formes gothiques, à la vérité fort
élégantes, de cet édifice.

On trouve d'abord à droite et à gauche
trois piliers ronds, desquels partent, sans
tailloirs aux chapiteaux, les naissances
de la voûte gothique. Puis viennent quatre
groupes de colonnes allongées formant la
demi-botte d'asperges. Les parois de cette
nef unique s'avancent sur le transept
de manière à former à droite et à gauche un
angle aigu.

L'épaisseur du mur de la nef est accusée
aux fenêtres par les ornements des deux
parois intérieure et extérieure qui laissent
entre elles une partie dans l'ombre.

Cette nef unique débouche après le
transept sur trois nefs séparées par des
arcades gothiques. Celle du milieu est le
chœur. Les deux autres en font le tour
et se réunissent à la chapelle de la Vierge, au
point le plus oriental de l'église. Les chapelles qui donnent sur les nefs latérales du
chœur sont fort éclairées.

J'étais entré dans Saint-André par la

porte du Nord. Sur le pilier qui la sépare
en deux est la statue en pierre d'un pape
donnant la bénédiction : on dit Clément V.
Il est environné par trois cardinaux à
droite et autant à gauche, dont les figures
donnent l'idée de jeunes curés de campagne
naïfs. Les draperies sont traitées avec
mollesse, mais moins mal que les parties
nues. Cette sculpture n'est point sèche et
j'ai regretté la sécheresse et même la
comédie de la statuaire actuelle qui auraient
éloigné l'idée de la niaiserie. Cette porte du
Nord est ornée de deux aiguilles fort élevées.

Je suis sorti de l'église par la porte du
Midi pour aller voir la façade de l'église ;
je ne l'ai point trouvée. Après avoir erré
dans les rues adjacentes, je suis arrivé de
nouveau à la porte de Clément V.

Pour trouver la façade je suis rentré
dans l'église et sorti par la grande porte
au-dessous de l'orgue et en face du chœur.
J'ai trouvé un passage et, en me retour-
nant, j'ai aperçu une maison à deux étages
avec des fenêtres garnies de belles per-
siennes : c'est là toute la façade de Saint-
André. J'ai bien ri de la sorte d'anxiété
avec laquelle je cherchais cette façade. En
faisant le tour de l'église, j'avais passé
devant cette maison et devant sa
porte qui peut avoir sept pieds de large,

mais je n'avais eu garde d'y entrer.

Les peintures qui sont au-dessus des autels plaqués contre les deux murs de cette nef unique, ont un genre de mauvais [goût] particulier. Elles sont bien loin de l'habileté manuelle et de la nullité emphatique de l'école de 1837. Ces tableaux ont l'air de coups d'essai de commençants. Cela rappelle l'innocence d'une église de campagne et n'irrite pas en colère comme des tableaux prétentieux et sots.

Vis-à-vis la chaire, à droite, il y a une assez bonne copie du Martyre de saint Pierre du Guide (Vatican).

J'ai lu attentivement le mandement pour le carême de M. l'archevêque Donnet qui m'a semblé fort supérieur aux mandements ordinaires, quoique toujours déclamant contre la *raison humaine*. M. l'archevêque, que l'on dit homme d'esprit, a bien raison : la forme de notre gouvernement fait sans cesse appel à l'*examen personnel* et nous excite à la *méfiance*. Que va devenir la religion au milieu de ces deux cruels ennemis ? En général, le Français de nos jours a peur d'être pris pour dupe, méprise toutes choses, voit partout des Robert Macaire et ne croit à rien. Voilà le résultat de tous les propos que je surprends depuis huit jours que je suis en voyage. J'ai tenu note de tous les propos que j'ai entendus, notamment à Tours et à la table d'hôte à Angoulême.

A l'orient de Saint-André, on voit une belle tour gothique et isolée, la tour de *Peyberland*, qui sert de clocher. Saint-André me plaît beaucoup, mais il faut convenir qu'il ne rappelle pas l'idée d'un enfer inexorable comme la plate cathédrale de Tours qui me semble laide.

— 15 mars.

Comment parler dignement de l'accueil que je reçois de mes anciens amis des Colonies ? C'est bien pour le coup que je tomberais dans l'*égotisme*. Heureux le voyageur qui peut passer une soirée en famille comme celle que j'ai rencontrée hier ! Pas la moindre affectation. On en a agi comme si j'étais un des fils de la maison. Seulement, comme j'arrivais de Paris, on m'a fait beaucoup de questions sur la façon dont on arrange la place de la Révolution.

J'ai raconté les tristes colonnes rostrales et le pont fait sur le fossé des Tuileries. Ces dames n'avaient rien compris aux descriptions des journaux.

Jamais de sérieux *triste* et *grave* dans la société de Bordeaux ; du moins je n'ai pas eu à observer un seul cas de cette affreuse maladie dans les trois maisons où je suis allé jusqu'ici. J'ai assisté à une charmante comédie de société, suivie d'un bal, à deux pas du personnage qui est ordinairement le plus guindé et le plus grave. Il est impossible d'avoir une physionomie plus avenante, plus aimable, plus disposée à traiter d'égal à égal avec tous les gens polis. J'ai regret de ne pouvoir nommer le personnage, beaucoup moins altier qu'un sous-chef de bureau à Paris.

Les Bordelais ont fort peu de ce ridicule que j'appellerais : patriotisme d'antichambre. Deux vieillards aimables qui ont des millions, me disaient hier soir :

« Vous avez vu notre musée, Monsieur, quelle pauvreté ! Nous n'avons pas le goût des arts à Bordeaux. Il y a trois ans que j'ai souscrit pour deux statues de Montaigne et de Montesquieu qui doivent orner les Allées de Tourny ; le roi a daigné souscrire pour cent écus : Hé bien ! Monsieur, il n'est plus question des statues. Un des meilleurs peintres de Paris, un homme dont nous avons admiré un bel ouvrage, nous demandait 5.000 francs pour venir remplir la place de maître de dessin à notre école ; on a trouvé cela trop cher ! Ah ! Monsieur, nous n'avons point de goût pour les beaux arts. On aime à

Bordeaux la vie matérielle et on s'y entend mieux que partout ailleurs. »

— « Messieurs, leur ai-je dit, le goût des arts peut vous manquer, mais je rencontre l'ancienne qualité française : la *franchise*, et une absence d'hypocrisie que peut-être je chercherais en vain dans *toutes* les autres grandes villes de France. »

Malgré le temps pluvieux, je suis allé en fiacre au bout de la ville voir la chartreuse de Saint-Bruno et le cimetière. Bordeaux n'a aucune rue peut-être aussi laide que beaucoup de rues de Rouen et de Lyon. Les rues de cette ville anglaise sont toujours suffisamment larges. Dans les quartiers pauvres les maisons n'ont qu'un premier, et enfin, en approchant des extrémités, qu'un rez-de-chaussée.

Saint-Bruno, grande salle carré long comme un jeu de paume, laquelle est recouverte d'un énorme toit en ardoises ; la façade est du genre italien ridicule, à la mode vers 1650, car alors il arriva à l'architecture italienne de tomber dans le style des lettres de M. Dupaty sur l'Italie.

Saint-Bruno donc n'a qu'une nef, revêtue jusqu'à douze pieds de haut, d'une boiserie fort élégante et bien vernie. Le fond de cette vaste salle est revêtu de marbres de diverses couleurs, pilastres, colonnes et mauvaise sculpture. Tout cela est petit, mesquin, cherchant des effets spirituels qu'on devine d'avance, absolument style Dupaty. Je n'ai pas été étonné de trouver sur les portes à droite et à gauche la date : 1672. Ces ornements sont de mauvais goût, mais toutefois cela vaut mieux que l'église de Saint-Nicolas-aux-Bains que mon cocher m'a dit avoir été bâtie par la *Duchesse* (Mme la duchesse de Berry) et qui n'est exactement qu'une grange avec six piliers à droite et à gauche surmontés d'arcades. Ce chœur de Saint-Bruno a une assez jolie tête de l'Ange qui fait l'Annonciation (à gauche au fond du chœur), mais le corps est pitoyable. La base porte les armes d'un cardinal.

Pendant que j'étais dans Saint-Bruno, grand moment d'obscurité; bruit des rafales d'un vent d'ouest et de la pluie lancée contre les vitres, ce qui me donne le sentiment religieux plus par l'effet musical que par l'architecture. J'écris ceci sur la balustrade de marbre blanc qui sépare le chœur revêtu de marbre de l'église, dont l'architecture est peinte seulement ; mais cette architecture est gaie, légère et fait plaisir à l'œil, surtout lorsque le spectateur arrive du Nord. Quoi de plus triste que les vastes parois intérieures de Saint-Sulpice ou de Saint-Roch ! Cette architecture de Saint-Bruno de Bordeaux rappelle, avec moins de grandiose, l'architecture aérienne et charmante des tableaux de Paul Véronèse ou des belles rues de Gênes. Notez que si j'eusse rencontré une église ainsi peinte en Italie, je n'aurais pas eu assez de paroles pour exprimer mon mépris. Mais nous sommes ici au milieu d'un désert aride ; une petite source d'eau saumâtre fait notre bonheur.

Assez bon tableau de saint Jérôme à droite en entrant ; ensuite quelques copies supportables, couleur gris jaune, de quelques tableaux de Le Sueur, sublime encore malgré cette transformation. Le Sueur me semble décidément le premier peintre de France. Si sa main avait su le métier, *son âme avait quelque chose à dire*, tandis que Poussin ne me semble qu'un corollaire de Raphaël, de la force de Polydore de Caravage par exemple, plus quelque talent pour le paysage.

Dans une chapelle à gauche du chœur, ridicule épitaphe de Mme Béziade d'Avaray, 1691, femme de M. de Sourdis, lieutenant général, qui s'appelle lui-même *illustre*. La littérature de la monarchie, mêlée d'idées chevaleresques, ne peut pas produire une bonne épitaphe. Ses sentiments toujours mêlés de *comédie nécessaire*, sont trop au-dessous du vrai sérieux. La monarchie a peur que la simplicité ne paraisse *bourgeoise*. De là, dans la monarchie, par exception à la règle de la clarté, utilité, pour les épitaphes, de la langue latine. L'épitaphe de Mme de Sourdis qui mourut fort jeune est en français. Pitoyable sculpture de ce tombeau ; mauvais bustes de *l'illustre* M. de Sourdis et de sa jeune femme.

Dans la chapelle à gauche en entrant, excellent ou du moins fort bon buste du cardinal de Sourdis, placé trop haut ; buste passable de ce bon M. de Cheverus que Bordeaux vient de perdre. Le bal de charité qui devait avoir lieu le 22 mars pour la mi-carême, et pour lequel on avait dépensé 5.000 fr., le fait vivement regretter. Tout Bordeaux parle de ce bal.

Magnifique cimetière de Bordeaux à côté de Saint-Bruno. Je ne sais pourquoi ce cimetière me rappelle celui de Bologne. Celui-ci n'a pas de monuments, mais il a de magnifiques platanes de 40 à 50 pieds de haut formant de belles enceintes carrées fort mélancoliques. Quel dommage que les échevins de Bordeaux, fidèles à l'imbécillité qu'emporte ce titre, n'aient pas planté aux *Quinconces* des platanes au lieu de tristes ormeaux. Quel trait de génie de planter ces Quinconces en marronniers ! Ils seraient en fleurs, aujourd'hui le 19 mars.

Sur chaque tombe il y a un petit jardin élevé de dix-huit pouces, long de cinq pieds et large d'un. Je compte onze plantés d'œillets et un de pensées, celles-ci en fleurs, sur la tombe devant laquelle j'écris.

Sur l'humble tombe, voisine du tombeau de Mme la *maréchale* Moreau, toutes les fleurs sont épanouies et l'air est embaumé à l'entour.

Joli et très joli petit temple grec avec quatre colonnes élevé par M. Marmiché à *l'amitié conjugale*. Malheureusement la sculpture qui accompagne ce temple est détestable, surtout dans les parties nues. Il n'y a peut-être rien d'aussi bon goût que ce temple au Père La Chaise.

Pour la première fois de cette année je vois la verdure des saules pleureurs faire masse.

Les inscriptions de la nécropole de Bordeaux infiniment moins ridicules que celles du Père La Chaise. Cela tient à la formule généralement adoptée : *Tombeau* ou Sépulture de la famille telle. Je remarque le tombeau de M. de Haumont, né à la Martinique le 31 février 1795. Beaucoup de tombeaux espagnols. Tombeau assez orné d'un brave soldat de l'armée d'Italie de 1796. La prairie à gauche de la nécropole est inondée de ce matin, me disant les effets des abominables pluies qui nous tourmentent cette année. Au delà du pli de terrain qui s'élève après cette prairie inondée, j'aperçois à revers toutes les tours de Bordeaux, les deux aiguilles et le clocher de Saint-André, la tour de Saint-Michel, etc., etc...

Je me présente ce soir à Saint-Seurin ; il est fermé. A tout moment, dans Bordeaux, on trouve des allées d'arbres de trente à quarante pieds de haut. Par malheur ce sont toujours de tristes ormeaux.

Ce soir, charmant dîner en pique-nique au *Café de Paris*. Vie toute en dehors, toute physique de ces aimables Bordelais, genre de vie leste, admirable dans ce moment que l'hypocrisie souille la vie morale de la France.

On plaisante un dîneur sur sa vie heureuse. Il est courtier en vins. Ces messieurs n'apportent pas d'autre fonds social dans leur commerce qu'un tilbury et un cheval. Ils courent le Médoc, pays qui produit le bon vin, de Bordeaux à la tour de Cordouan, rive gauche de la Gironde. Ils goûtent les vins des propriétaires et, avec de la craie, marquent la qualité sur les futailles. Jugez si les propriétaires leur font la cour. Malheur au propriétaire qui effacerait la marque à la craie du courtier ! Aucun courtier ne se chargerait de faire vendre son vin.

Un négociant, son courrier reçu, dit à un courtier : « Il me faut 200 pièces de vin, telle qualité, à tel prix ». Le courtier répond : « Il y en a à tel lieu et tel autre ». Il va chez les propriétaires et prélève 2 % sur le prix payé par le négociant, outre les cadeaux des propriétaires, pressés de vendre, comme ils le sont tous. Ces courtiers sont comme des Ministres : ils voient toujours des gens qui ont besoin d'eux. Beaucoup se font 8 ou 10.000 francs par an avec des courses dans le Médoc et en se faisant prier pour accepter de bons dîners. D'ailleurs ils ne peuvent jamais perdre.

Un négociant, mon voisin, qui, à force de vouloir m'apprendre à connaître les vins du pays a, je pense, entrepris de m'anéantir, me jure qu'il y a autant de clubs à Bordeaux qu'à Genève. On m'annonce qu'il y a des clubs même pour les domestiques : un club pour les domestiques non cochers, un club pour les cochers.

Les pauvres femmes ne vont pas au spectacle, parce que leurs maris ne veulent pas les y conduire. D'un autre côté, Bordeaux est plus vexé qu'aucune petite ville peut-être par l'affreux *qu'en dira-t-on*. Si un jeune homme va trois fois dans une maison, la dame le prie, en gémissant, de rendre ses visites moins fréquentes.

Cet ensemble de vie donne naissance à

quelque passion. Par un hasard, bien
étrange assurément en 1838, il y a de l'*a-
mour* à Bordeaux. La présence de cette
plante si rare est prouvée par des enlèvements aussi déraisonnables que possible
et qui, tout en ruinant l'amant, ne lui
assurent aucune jouissance de vanité, car
sa vie va se perdre dans le gouffre de Paris.

Aujourd'hui, troisième jour de pluie ; à
quatre heures, je suis allé voir Saint-Seurin [1].

Sur le plateau auquel on monte par la
magnifique rue du Chapeau-Rouge, au
delà d'une place plantée d'arbres, s'élève
l'église de Saint-Seurin, à laquelle on arrive
par la porte du Midi à l'extrémité du transept de droite. Cette porte offre un *atrio*
ou vestibule hexagone rendant commodes,
quand il pleut, l'entrée et la sortie des fidèles. Cinq côtés de ce vestibule sont on
ne peut pas plus simples ; le sixième, formé
par le côté de l'église, est au contraire fort
orné et présente treize statues à peu près
de grandeur naturelle. Elles sont apparemment du moyen âge et sans aucun mérite.
Une ou deux ont même de ces têtes énormes et disproportionnées qui rappellent à
l'habitant de Paris les statues de la porte
du Nord de Saint-Denis. Les draperies de

1. A mes yeux église romane réparée il y a 20 ans. Cela
se trouverait-il vrai ?

ces onze statues sont passables ; ce sont les parties nues qui sont ridicules.

La façade de l'église ne présente aucun arc en ogive, mais bien des arcs en plein cintre ; elle est ornée de deux statues d'évêques fort insignifiantes et dans le style médiocre du XVIIe siècle. Au-dessus de la porte est encore un bas-relief, plus mauvais peut-être, et qui forme la pyramide, suivant toutes les règles académiques. Cette façade qui, à la sculpture près, ne serait pas mal, si elle avait la couleur de l'antique, comme Sainte-Croix, par exemple, conduit à un.....[1] peint en blanc, mais réellement respectable par son antiquité. A gauche et à droite, trois colonnes engagées dans un groupe de colonnes gothiques ont des chapiteaux historiés et à trois fortes saillies, ce qui annonce l'année***.

L'intérieur de l'église est fort simple. Les arêtes de la voûte sont marquées par de fortes nervures comme tout ce que j'ai vu à Bordeaux. La voûte est soutenue par deux gros piliers ronds à droite et par deux piliers à gauche. Ces piliers sont à fort peu de distance du mur d'enceinte auquel ils sont liés par un arc en plein cintre. Après le pilier vient de chaque côté un groupe gothique en botte d'asperges.

1. Un mot sauté. N. D. L. E.

Le tombeau de saint Seurin est sous le
maître-autel et son histoire est sculptée
dans les quatorze compositions du retable
qui le décore. Sous le chœur est une crypte
où l'on vénère les reliques de saint Faure.

LESPARRE, le 21 mars 1838[1].

Il pleut encore. Quatrième jour de
pluie.

Ce matin, à huit heures, j'ai pris à Bordeaux le bateau à vapeur pour Blaye. Il
tombe des gouttes tous les quarts d'heure,
et toutes les deux heures, il y a une averse.
C'est le vent d'ouest.

J'apprends que nous serons à Blaye à
midi.

— Ne va-t-on pas plus loin, dis-je au
commis qui perçoit le prix des places ?

— Nous allons à Pauillac.

— Hé bien, à Pauillac !

— Vous auriez dû prendre le bateau
de Royan, ajoute ce commis assez poli, il
va à dix lieues plus loin que nous.

Je me tiens sur le pont malgré les gouttes
d'eau. Je veux voir en détail cette admirable colline de Lormont qui se compose de
mamelons successifs dont les crêtes sont

1. Écrit le 22 mars à Bordeaux.

couronnées de maisons de campagne et de grands arbres. Après le village de Lormont, à l'extrémité de Bordeaux, cette chaîne de collines s'éloigne de la Garonne et court vers la Dordogne. On la dit couverte de beaux châteaux. J'en distingue un avec briques rouges apparentes, style de Fontainebleau.

J'aperçois, toujours sur la rive gauche de la Garonne, le château marécageux où réside M. de Peyronnet. Il fait là deux cents tonneaux de bon vin de Palud, bien corsé, me dit un matelot. On le recherche pour la navigation à l'Ile-de-France ; la mer lui fait du bien et le propriétaire le vend 200 francs le tonneau à deux ou trois ans.

Je vois le *Bec d'Ambès :* c'est une prairie qui sépare la Dordogne et la Garonne : comme on sait, le fleuve magnifique que ces rivières forment après le bec d'Ambès s'appelle la Gironde. Nous longeons les carrières de la Roque ; c'est de là que vient cette belle pierre blanche et tendre qui donne tant de beauté à Bordeaux. Je vois Blaye et sa citadelle appartenant jadis au duc de Saint-Simon, père du grand historien. Quel contraste entre la façon de parler politique de Bordeaux et de Nantes ! On parle de la captivité de Blaye comme on parlerait d'une bataille livrée sous le roi Jean. Le bon sens bordelais est vraiment

admirable ; rien ne lui fait ; il ne joue la
comédie pour rien ; il ne se passionne pour
rien que pour l'état qui lui donne les
moyens de mener joyeuse vie.

Nous apercevons tout-à-coup sur la
gauche de la rivière huit ou dix belles
maisons à trois étages qui ont l'air d'opu-
lentes maisons de campagne : c'est Pauillac.
Rien de ces constructions sales et entas-
sées qui avoisinent la rivière, centre du
commerce dans les villes anciennes. Pauillac serait-il tout-à-fait nouveau ? On dirait
que les trois quarts de la ville n'ont pas
trente ans. Je prends une chambre à
l'hôtel de M. Delhomme sur le quai.

J'allume mon cigare et je sors à une
heure, fort embarrassé de ce que je ferai
jusqu'à demain à dix heures. Je monte une
rue en pente, je vois une diligence prête à
partir ; on fermait la portière. « Où va-t-
elle ? » — « A Lesparre. » — « Et une fois
à Lesparre trouverai-je le moyen de revenir ce soir ? » — « Le courrier part à sept
heures et est ici à dix. »

Je monte dans cette diligence. J'ai remarqué un de ces jours que me souvenir des
choses vulgaires est une corvée. Quelle
différence avec le voyage en Italie ! J'écris
donc en voiture à mesure que je vois.

Terrains à grandes ondulations peu élevées, au total formant une plaine où l'on

trouverait rarement cinq cents pas de niveau. De loin on dirait que les terres sont
nues. Les vignes qui couvrent ici tout ce
qui n'est pas bois de pins, sont étendues sur
de longues lignes de treilles en ligne droite,
à peine élevées d'un pied au-dessus du sol.
Le sol est divisé en une infinité de petites
élévations de la forme d'un A majuscule,
la partie la plus élevée est occupée par les
lignes de ceps.

La treille est soutenue par des piquets
verticaux de dix-huit pouces dont six
cachés en terre. La ligne horizontale est
formée par de jeunes pins gros comme le
pouce. On les sème épais comme du chanvre
et on en arrache la moitié, quand ils sont
arrivés à dix ou douze pieds de hauteur.

Je trouve d'abord dans ce pays assez désert
quelques grands arbres autour d'une sorte
de château qui a une tour. Quelque temps
après, j'arrive à un bâtiment singulier qui
n'a qu'un rez-de-chaussé. « Ce sont des
écuries appartenant à un riche propriétaire dont le château est à un quart de
lieue de la route », me dit le postillon. Je
crois plutôt que c'est un *chai :* c'est le nom
qu'on donne en ce pays aux celliers ou fabriques de vin. Ce bâtiment, fort élégant,
d'une brillante couleur jaune clair, n'est,
à la vérité, d'aucun style ; cela n'est ni
grec, ni gothique, cela est fort gai et serait

plutôt dans le genre chinois. Sur la façade
on lit ce seul mot : Cos.

Il y a dans les vignes des tours rondes
crénelées ; c'est un retrait pour les outils
du vigneron et pour lui-même en cas d'o-
rage. Ces tours, que j'ai déjà vues dans les
environs de Blaye, sont d'un aspect fort
agréable.

La plaine ondulée continue. J'arrive à
de grands bois de pins en général peu élevés, entremêlés de bouquets de chênes, de
bois taillis. Il y a peu de maisons et peu
d'hommes dans ce paysage fort plat. Tout
ce qui n'est pas bois et vignes en ce grand
nom de Médoc, fait que je le considère avec
admiration.

Nous arrivons à des maisons assez jolies
formant rue : c'est Lesparre. Dans les
mémoires du temps de Henri III, je crois,
il y a un duc de Lesparre. Ce village, dont
le gouvernement vient de faire un chef-
lieu de sous-préfecture, a 1.300 habitants.

Le pavé de la rue est si mauvais, quoique
formé de grandes pierres, comme à Paris,
que la diligence le quitte brusquement,
quoique au galop, pour prendre un chemin
dans les terres qui tourne le village. Nous
y rentrons, après quelques centaines de
pas, après un second tournant à angle droit,
mais nous n'allons plus que le trot, le pos-

tillon n'ayant plus l'œil du public pour aiguillon de gloire.

J'arrive au *Lion d'or* tenu par M. Delhomme, auberge champêtre d'une propreté admirable, anglaise. Je mourais de faim. L'hôte, qui a l'air sombre, me dit que je pourrai trouver à dîner chez lui, et appelle *Augustine*, c'est sa femme, laquelle n'est pas mal, mais a l'air bien sérieux aussi. C'est l'air *gentleman like* qui supprime la rondeur que je m'attendais à trouver dans une auberge de campagne. C'est que je suis dans une auberge de sous-préfecture. C'est au reste le seul indice d'affectation que j'aie vu depuis mon arrivée en Guyenne.

— Que pouvez-vous me donner à dîner, Madame, j'ai grand appétit.

— Nous vous donnerons, Monsieur, un morceau de *confit*.

A ce mot, j'ai frémi.

— Monsieur, a dit l'hôtesse, c'est du canard confit.

— Et quand cela sera-t-il prêt ?

— Dans une demi-heure.

Je vais me promener dans la ville de 1.300 habitants. Il y a des boutiques fort bien fournies, entre autres trois horlogers avec des pendules comme à Paris. Ces boutiques fournissent tous les propriétaires du Médoc. Je vois deux ou trois maisons neuves toujours en belle pierre blanche, aussi joliés qu'à Bordeaux, c'est-à-dire plus jolies qu'à Paris.

On a fait une nef grecque à une église dont le clocher et le chœur sont gothiques à belles nervures comme Saint-André de Bordeaux. Je croirais même, à voir l'*abside*, entourée à l'extérieur d'arcades plaquées en *plein cintre*, que le fond de cette église était roman. La partie grecque, faite il y a un an ou deux, est vaste et commode.

Je ne puis que louer le conseil des bâtiments civils à Paris pour le Palais de Justice et la prison élevés à Lesparre. On a mis tout cela au fond d'un jardin à trois cents pas de la rue principale, horriblement laide et dont le terrain eût coûté fort cher. Ce trait de bon sens choque beaucoup les habitants du pays. Rien de moins contenu et de plus joli que ce petit temple grec auquel on arrive par huit ou dix marches, avec deux corps avancés, le greffe et le...[1]. A gauche est une prison charmante (vue à l'extérieur).

Je vois une vieille tour solidement construite. Cela faisait partie du château de M. le duc de Grammont, me dit un vieux paysan ; on l'a détruit. Ces maisons appartiennent encore à M. de Grammont (appa-

____

1. En blanc dans le manuscrit. N. D. L. E.

remment ce noble vieillard que je voyais autrefois chez M. de T[racy].)

Je regardais en passant devant tous les horlogers si la demi-heure serait bientôt dépassée. Exquise propreté de mon petit dîner composé strictement d'une cuisse de *confit* et de bien peu de pommes de terre. J'en avais demandé beaucoup.

Il pleuvait toutes les heures ; puis venait une éclaircie. C'est le temps que nous procure ce damné vent d'ouest qui verse sur nous toutes les eaux pompées dans l'Océan. Je profite d'une éclaircie pour parcourir de nouveau le village. Il y a des cafés mais pas de lait.

La pluie recommençant, je me réfugie dans la cuisine de l'auberge. C'est là que j'ai admiré l'exquise propreté. On a successivement fait à dîner pour quatre ou cinq arrivants. Je n'ai jamais rien vu d'aussi propre. Je voyais avec plaisir faire cette cuisine ; j'avais presque envie de redîner. Figure et regard plus qu'à demi espagnols de la maîtresse de la maison, femme de trente ans, fort sérieuse.

Deux vieilles servantes fort polies, mais d'une politesse plus fine qu'à Paris même, me font des questions indirectes pour tâcher de savoir ce qui diable a pu me faire venir à Lesparre. J'ai acheté un cahier de papier pour écrire ce vénérable journal.

Ce cahier qui est resté roulé dans la salle
à manger, donne beaucoup à penser et
peut-être me vaudra une pensée de la part
de M. le sous-préfet. L'hôte me dit, peu
avant le départ et d'un air important :

— Monsieur, n'oubliez pas vos papiers.

A sept heures un quart, une voiture
incommode m'emporte comme le vent à
Pauillac ; c'est au point que j'ai pitié des
chevaux.

A neuf heures et demie, on me dit :

— Monsieur, pourquoi n'iriez-vous pas
jusqu'à Bordeaux ? Du reste vous voici
à Pauillac.

Je descends ; il pleuvait et me voici
dans les faubourgs de Pauillac apparemment, par une obscurité profonde ; une
rafale de vent fait retourner mon parapluie ; personne dans le chemin ; toutes les
maisons fermées.

Je ne pouvais deviner de quel côté était
la Gironde. Enfin je me souviens que le
matin j'ai distingué en débarquant ce joli
clocher octogonal. Je cherche de tous côtés
mon clocher sur les toits ; dans l'obscurité
profonde, les toits se confondaient avec
le ciel.

Enfin en glissant horriblement sur un
pavé atroce dont les trous sont remplis
d'eau, j'arrive à l'église ; je ne puis distinguer
dans quel sens coule le ruisseau pour arri-

ver à la Gironde. Je vois une boutique ouverte et demande bien poliment qu'on m'indique le chemin. Il pleuvait de nouveau dans le moment.

Un enfant de dix ans se détache sans rien dire, passe devant moi et me dit : « Venez. » Il me conduit par un détour qui me semble fort long et enfin j'arrive à l'hôtel sur le Parc. J'entre ; l'enfant s'en va ; je suis obligé de lui faire courir après pour lui donner des marques de ma générosité. Sans lui, j'errais peut-être pendant une heure dans ces maudites rues.

Il faudrait le génie d'un grand logicien, chose si rare en France, pour indiquer son chemin à l'étranger qui ne connaît pas une ville. Rien n'est si difficile ; toujours on indique le chemin à l'étranger en nommant des rues qu'il ne connaît pas. Il faut que l'indicateur sorte de ses habitudes et se mette à la place de l'étranger. Je me guide toujours dans le plus petit village par l'étoile polaire, comme un grand géographe, mais ce soir comment trouver l'est où coule la Gironde ? Le ciel était vêtu en Scaramouche.

Je suis reçu par la maîtresse de la maison et ses deux filles qui travaillaient auprès de la cheminée à la lueur d'une chandelle attachée à la tablette de la cheminée par sept à huit petites plaques de

plaqué qui permettent à chacune de ces
dames de rapprocher la lumière d'elles, car
ce sont des dames, et je suis en société
dans une chambre, devant un bon feu.
Comme mon sort avait changé depuis
cinq minutes !

Je me mets en quatre pour être aimable,
mais je réussis peu ; les demoiselles restent
impassibles et silencieuses. Peut-être est-ce
le bon ton à Pauillac. Ce que voyant, je
vais me coucher. On appelle le valet de
chambre. Admirable chambre à quatre
fenêtres sur le fleuve, par moi retenue à
mon arrivée. Excellent lit et tout cela,
avec deux excellentes tasses de café au lait,
coûte 3 francs.

PAUILLAC, 22 mars.

Beau soleil à neuf heures qui me
presse de parcourir la ville. A dix heures,
averse horrible, mais je venais de monter
dans le bateau à vapeur.

Agréable position de Pauillac ; belles
maisons, les rues sont en pente, mais pavé
exécrable.

Quant à l'église, surmontée de ce joli
clocher octogone, c'est une belle grange
neuve, divisée en trois nefs fort simples,
par huit belles colonnes doriques à piédes-

tal cannelé jusqu'à dix-huit pouces de hauteur. Rien de plus commode, rien de plus clair, mais rien au monde de moins religieux ; à l'argent dépensé près, exactement comme Notre-Dame-de-Lorette, image exacte de l'esprit religieux de la France de 1838. Les chapelles sont ornées de bas-reliefs en bois peints et dorés. Figures atroces de ces bas-reliefs. Joli petit vaisseau suspendu au milieu de cette nef si claire. J'admire de nouveau le joli clocher, mais quelle différence avec les clochers des églises de campagne en Lombardie, même sans parler de ceux élevés par cet excellent architecte si ultra, feu le marquis Cagnola !

Avec 3.000 francs de plus et le style de Palladio, on donnait un caractère à cette église de Pauillac si bien située ; mais quelqu'un dans le département sent-il le caractère religieux d'un édifice ?

On vient de planter quelques arbres sur le quai de Pauillac, mais ce ne sont pas des platanes. La moitié des petits gamins qui jouent sur cette berge, parle français. Je lis au-dessus d'une porte : *Assurance contre l'incendie et la vie.*

Sur le bateau à vapeur, malgré la pluie, je suis sur le pont pour admirer les huit ou dix belles maisons jetées sur le rivage et environnées de quelques arbres qui sont

Pauillac pour qui arrive par la Gironde.

Au retour sur le bateau, écrasé par les rafales d'une pluie horrible, j'éprouve la vérité de ce mot de M. Gagnon : « Par la lecture on échange les moments d'ennui que l'on a dans la vie contre des moments agréables. » Le seul livre que j'eusse était d'un plat courtisan, et cependant le bateau a passé devant Blaye sans que je m'en aperçusse.

(Le bonheur d'avoir pour métier sa passion. État de Dominique.)

Enfin je revois l'admirable coteau de Lormont, cette suite de mamelons couronnés de fabriques et de grands arbres.

Le soir, thé chez Madame Mathé. Monsieur a été sur le point d'acheter la terre de Montaigne où est né cet illustre auteur. La chambre est encore ornée des fresques qu'il a vues. Cette terre a huit fermes ; elle vaudrait aujourd'hui...[1] ; malheureusement on a détruit les bois. On sait que le grand-père de Montaigne l'avait achetée dix mille francs.

Le soir, bal masqué ; on danse dans la salle de spectacle et dans une charmante salle de concerts. On m'a conduit dans une belle loge. Le carême et le *qu'en dira-t-on*, cruelle maladie qui tourmente

---

1. En blanc dans le manuscrit. N. D. L. E.

Bordeaux, ne permettent à aucune femme comme il faut de paraître à ce bal. Malheur arrivé aux G. Je suis si excédé de fatigue que ce malheur me touche profondément, et je me couche à deux heures tout triste [1].

— 23 mars.

Troisième jour de pluie par vent d'ouest. On me dit au cercle que ce temps peut durer quinze jours. Je prends un fiacre excellent et poli, et je cours les églises, en assez petit nombre à Bordeaux.

Sainte-Croix est sans comparaison l'église la plus curieuse de Bordeaux. Je viens d'y passer deux heures et j'ai pris un mal à la tête fou à force de vouloir voir d'abord, et ensuite apprécier avec netteté, les prétendues indécences dont une jolie

---

1. Coupé de la diligence de Pauillac à Lesparre.. 3
Dîner à Lesparre, vin excellent................. 2.50
Coupé au retour............................... 3
Chambre et café à Pauillac.................... 3

               11.50
Bateau à vapeur, aller........................ 3.50
—   retour 3.50

       7

Total 18.50

femme m'a parlé hier soir, en termes fort convenables il est vrai.

Sainte-Croix me semble une église romane qui fut refaite en partie sous le règne du gothique ; mais la façade est romane et on y a accumulé une quantité de colonnes qui se touchent presque, avant que les colonnes fussent passées de mode.

La façade de Sainte-Croix fort curieuse et, suivant moi, pleine d'onction, a presque la forme d'un triangle ; elle est fort élevée à droite, et fort basse, à gauche. A la droite du spectateur s'élève une tour à trois étages. Chaque étage est composé de trois fenêtres terminées par un arc à *plein cintre* supporté par deux longues colonnes. A chaque étage entre la colonne supportant l'arc des fenêtres et l'angle se trouvent quatre colonnes se touchant presque et imitant la colonne corinthienne.

A la gauche de cette tour qui offre ce bas...[1] se trouve la façade de l'église proprement dite, façade qui ne manque pas d'élégance quoique les colonnes de la tour se ramifient sur elle. Cette façade a en quelque sorte trois étages garnis aujourd'hui de violiers en fleurs couvrant le bâtiment. Ceci fort négligé. Il est incroyable

1. Un mot sauté. N. D. L. E.

que le curé ne fasse pas arracher ces violiers qui, à mi-jour, produisent un effet
agréable par la grâce et la fraîcheur de
leurs formes, dont la jeunesse se renouvelle chaque année à côté de la caducité
de cet ouvrage de l'homme, une architecture qui remonte peut-être à l'an 1100.
Cette façade offre, au rez-de-chaussée,
la grande fenêtre de l'église et deux fenêtres
supprimées.

Au premier étage une belle rosace
comparativement moderne entourée de
sept arcs à plein cintre ; plus à gauche,
un grand arc légèrement gothique et enfin,
au troisième étage, une ouverture terminée par un fronton.

A gauche de cette façade, la portion la
moins élevée de la façade totale offre une
porte ornée à peine de la pointe caractéristique du gothique plus, verticalement,
trois fenêtres à plein cintre les unes au-
dessus des autres.

Eglise pleine d'onction si l'on peut ainsi
parler ; son antiquité, son air à demi
détruit par le temps lui ouvrent sur-le-
champ le cœur de celui qui la voit.

Quelques portions de la façade, les petites
arcades par exemple, semblent appartenir
au gothique ancien ; les nombreuses
colonnes presque régulières qui garnissent
la tour de droite, la seule qui soit élevée,

indiquent au contraire le commencement
de la Renaissance. Aux côtés de la porte
principale j'ai remarqué de courtes colonnes
à cannelures torses et des ornements en
zigzag.

On descend six marches pour arriver au
pavé de l'église. Il y a trois nefs ; colonnes
corinthiennes engagées dans les six pilastres
qui séparent les nefs. Les tableaux ne
sont pas exécrables. L'archange saint
Michel perce le diable ; souffle enflammé
dudit. Vis-à-vis un saint François, copie
de quelque tableau de l'école de Bologne.
Chaire de bois de noyer verni à compartiments bizarres en marbres de couleurs,
comme à Saint-André, style de Louis XV,
mais moins déplaisant que les autres
choses de ce style.

L'architecture peinte qui orne le fond
et les voûtes du chœur, produit un fort
bon effet. Assez bon ex-voto au fond...
colonnes torses... chapelle de S...

Je lis... la race ibère... de 12 ans qui
assistaient au catéchisme[1].

Ce matin à dix heures, comme je sor-
tais j'ai rencontré six hommes et un
enfant qui marchaient au milieu de la
rue d'un air grave, pieds nus et la tête

1. Le manuscrit est déchiré en cet endroit. N. D. L. E.

découverte, en marmottant des prières. J'ai cru avoir affaire à un enterrement et, pour détourner le mauvais augure, je me suis hâté de rebrousser chemin. Mais je n'ai point aperçu de bière et j'ai demandé de quoi il s'agissait à une femme qui filait tranquillement sur sa porte.

— Ce sont des marins qui ont fait un vœu, m'a-t-elle répondu d'un grand sang-froid.

Alors j'ai suivi jusqu'à l'église cette procession à laquelle les ouvriers qui travaillaient sur la porte de leur boutique n'avaient pas l'air de faire grande attention, jusqu'à l'église de Saint-Dominique, où j'ai appris que ces marins appartenaient au brick l'*Elisa* qui, dans les derniers gros temps, a été sur le point de se perdre. Se voyant dans un extrême danger, ils firent un vœu qui les a sauvés.

Saint-Dominique, nommé aussi Notre-Dame, est à deux pas de la magnifique place appelée les *Allées de Tourny*[1].

Je ne connais pas de plus belle place en France. On a ôté les arbres depuis que la promenade voisine du Château-Trom-

---

1. Stendhal avait d'abord écrit une phrase qu'il n'a ensuite qu'en partie biffée : « En revenant je traversais la magnifique place appelée les *Allées de Tourny* lorsque j'ai été arrêté par l'admiration. » N. D. L. E.

pette en offrait un aussi grand nombre.
A chaque instant cette place communique
au jardin par de belles rues qui n'ont
pas cinquante toises de long. C'est ce qui
lui donne une physionomie unique. Les
maisons du couchant, apparemment bâties
du temps de M. de Tourny, n'ont qu'un
beau premier surmonté quelquefois de
petites mansardes. Les maisons du levant,
bâties apparemment depuis la démolition du Château-Trompette, ont trois
ou quatre étages et sont magnifiques et
fort supérieures aux maisons que Paris
élève tous les jours et où l'architecture
est trop barbarement sacrifiée aux
loyers.

Un petit portique fort ingénieux et
fort bien entendu termine cette magnifique
place au nord. Elle est terminée au midi
par la façade du théâtre qui se présente
en fuyant, ce qui dissimule un peu l'étrange
lourdeur du bâtiment et la triste minceur
des colonnes de la façade.

En vérité, je serais embarrassé de souhaiter quelque chose à cette place. Peut-
être deux statues pédestres placées vers
les extrémités ; il serait possible que des
statues équestres fissent paraître basses
les maisons du couchant.

Le *Penseroso* de Michel-Ange, coulé
en bronze, irait fort bien ici.

Rien de plus plat que la statue de cet excellent intendant M. de Tourny qui administra la Guyenne de 1743 à 1757, comme l'apprend l'inscription fort bien faite. Il fit pour Bordeaux ce qu'à la même époque personne n'eut l'idée de faire pour Paris, témoin la laideur des faubourgs Montmartre, Poissonnière et de tout ce qui est au nord des boulevards. Quand M. de Tourny eut l'idée et la force de caractère d'embellir Bordeaux, ces sortes de choses n'étaient pas devenues un *lieu commun* administratif; il fallait de l'invention, du génie pour les entreprendre. M. de Tourny est bien antérieur à Turgot qui ne fut ministre qu'en 1774 et dont l'ouvrage est antérieur de neuf ans à celui d'Adam Smith.

Les successeurs de M. de Tourny n'ont guère marché sur ses traces. Ils ne se sont guère distingués que par les noms ridicules donnés à toutes les rues, à toutes les allées qui ont succédé au Château-Trompette. C'est en vain jusqu'ici que j'ai cherché les noms des immortels Girondins, qui se trompèrent sans doute, mais acquirent une gloire immortelle. Peut-être qu'ils ont encore des envieux à Bordeaux, comme Barnave à Grenoble. Dès que ces êtres vulgaires auront cessé d'avoir voix

au chapitre, Bordeaux honorera Vergniaud,... [1].

Il y a un homme aussi qui a contribué
à la démolition du Château-Trompette,
qui a fait de Bordeaux, déjà admirablement préparé par M. de Tourny, la
plus belle ville de France. Cet homme,
moins heureux que Louis XVIII, le
prince de Condé, etc..., n'a donné son
nom à aucune rue ; il se nomma en son
temps Napoléon Bonaparte.

N'est-ce pas Duclos qui a dit que le
public en masse, surtout dirigé par des
échevins, ne *s'élève jamais qu'à des idées
basses* ?

Ce qui est admirable à Bordeaux ce sont
les fronts et les sourcils des femmes et la
charmante vivacité qui, de toutes parts,
éclate dans les mouvements.

Ne vous figurez pas que cette vivacité
éclate par des mouvements désordonnés
au milieu de la rue comme à Naples ;
point, il y a plus de grâce. Rien n'a l'air
triste ; tous les mouvements que vous
apercevez, depuis l'homme qui charge
une charrette jusqu'à la jeune fille qui
offre des bouquets de violettes, ont quelque
chose de rapide et de svelte. Presque jamais
l'idée de force, presque toujours l'idée

1. *There the names.*

d'adresse. Dans les jeunes filles qui vendent des fleurs, jamais cette *effronterie de métier* qui fait mal au cœur à Paris. On sent que cette jeune fille sur le boulevard serait sifflée par ses compagnes si son regard, son ton et ses gestes ne bravaient pas bien la *pudeur*.

Je soupçonne qu'il y a de l'*amour* à Bordeaux et l'amour enseigne sur-le-champ tout le prix de la pudeur. Depuis quatre jours (du 11 mars) [1] que je suis ici, je n'ai encore rien vu d'effronté. Point de ces hideuses femmes qui crient le poisson dans les rues de Paris.

Ici les filles du peuple ont la tête coiffée d'un mouchoir. Les formes annoncent évidemment des métis provenant de la race *ibère* mêlée à la race *gaël*. Quelques figures allongées, mais surtout ce me semble dans les classes aisées, montrent le mélange de la race *ibère* avec la race *kimri*. Peut-être que ces mots baroques font rire le lecteur ; la chose existe, j'en suis certain. La hardiesse des nez en général point trop grands, la beauté lisse des fronts, les sourcils admirablement dessinés font reconnaître à vingt pas de distance la race *ibère*.

Jamais de ces figures chargées de chair,

1. Tout ce morceau placé par Stendhal à la date du 23 mars a été écrit en réalité le 15 mars. N. D. L. E.

trop fréquentes à Paris, jamais de ces grosses pommettes séparées par un nez écrasé. Dans toute la journée d'aujourd'hui je n'ai observé qu'une figure *chargée de chair* comme il en est tant à Paris. La race *ibère*, présente en général une figure maigre, je cherche un terme de comparaison connu, comme celle du cardinal de Richelieu (voir l'admirable buste du rez-de-chaussée du Louvre, presque sous l'horloge).

Ce soir, au spectacle, des femmes de la classe aisée, placées auprès de moi avec leurs maris, à leur droite sur la même banquette et apparemment leurs amants sur la banquette suivante et derrière elles, où j'étais aussi, se livraient à des rires de jeunes filles de 18 ans qui eussent semblé bien étranges à Paris. J'étais le seul des voisins qui remarquât ces rires. Je rendais grâce aux quatre ou cinq degrés de latitude qui séparent le petit théâtre de Bordeaux du Gymnase de Paris. Faut-il parler après cela de la *simplicité*, du *naturel*, de la *non affectation* qui éclatent dans les manières ? Je n'ai encore remis aucune de mes lettres de recommandation, et si je ne craignais le remords, je voudrais bien partir sans les remettre, mais comment aurais-je le front d'écrire sur Bordeaux ? Peut-être qu'il se passe quelque chose de très curieux dans la société de ce pays dont je ne me doute pas.

Chaque soir, à cinq heures, je vais jusque vis-à-vis de Lormont par l'omnibus, c'est-à-dire que je parcours l'admirable demi-cercle qui s'étend de la tour de Saint-Michel au quai de Bacalan et que je passe en revue tous les navires de commerce qui ont jeté l'ancre dans la Garonne à cent pas du quai où passe mon omnibus. Ce quai est hérissé de corps de garde de la douane et de sentinelles. Que de facilités en effet pour la contrebande dans ce port qui a cent lieues de long sur les deux rives ! La douane reçoit par mois ***[1] francs.

Deux choses me font bien penser de l'administration municipale de Bordeaux :

1º Elle n'a point le langage stupide de la police de Paris qui écrit sur les murs :

« Sous peine de punition, il est défendu de... »

La municipalité de Bordeaux fait écrire :

« Par ordre et pour la salubrité il est défendu... » Elle daigne raisonner avec ses administrés. A l'instant il n'est plus *plaisant* de se moquer de ses commandements ; le mot sacré de *salubrité* se fait entendre de tout le monde.

---

1. En blanc dans le manuscrit. N. D. L. E.

2º Cette municipalité à vie imite la police de Rome ancienne. De petits édifices, je ne sais si leur nombre s'élève à cent quarante-quatre comme dans la Rome antique, et des tonneaux numérotés procurent une grande propreté. Toute contravention est punie, m'a dit mon cocher, par l'enlèvement du chapeau qu'il faut racheter pour quelques sous des mains de l'homme de police.

Les fiacres sont fort propres, bien mieux tenus qu'à Paris. Les chevaux sont maigres, mais leurs harnais sont huilés. Les cochers sont fort polis. Ils peuvent servir d'exemple aux physionomies bordelaises ; les cochers ont l'air fin, léger, dispos, jamais lourd et grossier, enfoncé dans la matière. Les hommes sont sensiblement plus petits à Bordeaux qu'à Paris. Je n'ai pas encore rencontré de jeunes gens caricatures pour la mode, comme j'en vis à Nantes par exemple au mois de juillet 1837. Il y a fort peu de rubans rouges, bien moins ce me semble que dans les villes du Nord. Peut-être les croix jetées pour avilir l'ordre en 1815 se sont éteintes et n'ont pas été remplacées.

Je ne vois qu'une chose à comparer à l'admirable course de la tour de Saint-Michel à Bacalan, c'est la promenade de la *riva de'Schiavoni* à Venise. Ici point de façade avec le cachet du génie de Palladio

et de ses élèves, mais la foule des vaisseaux
marchands. Il faut convenir aussi que le
Lido de Venise ne peut pas soutenir la
comparaison avec l'admirable colline couverte de grands arbres et de belles fabriques qui vient finir à la Garonne par
des falaises déchirées au-dessus du village
de Lormont.

— Bordeaux, le... [1]

Soleil superbe. Les feuilles de presque tous les arbres des Quinconces font
masse sur le ciel. J'ai trouvé avec plaisir
l'esplanade du grand café, à l'ombre du
théâtre, pour brûler un cigare. En entrant
au café pour prendre de l'extrait de chicorée,
je trouve dans le *Mémorial Bordelais* qu'il
gèle, que tout le monde est en grand manteau, qu'aucune apparence de printemps
ne vient encore réjouir la nature. Est-ce
habitude de mentir d'un journal minis-
tériel, ou désir d'employer des phrases
toutes faites ?
Je vais voir un thermomètre qui est à
l'ombre le long de la ligne des maisons, au
midi de l'ancien emplacement du Château-
Trompette ; il est à 11 degrés. Il y a bien

1. Fragment daté du 6 avril, mais placé par Stendhal,
dans sa narration de mars. N. D. L. E.

là douze ou quinze maisons toutes magnifiques et plus grandioses qu'à Paris. Il y a bien encore quelques consoles, quelques ornements avec guirlandes de fleurs ; c'est le grand ridicule de l'architecture de Louis XV. Le Capitole à Toulouse est bien couronné par une contrebasse !

Paris n'a rien de comparable à ce rang de maisons donnant sur un jardin immense, voyant à droite la Garonne, chargée de navires, et, au delà, la colline de Lormont. J'apprends que les navires qui ont leur pavillon au haut du mât sont en partance. Les navires français sont près du pont, ce qui y a appelé le commerce de détail et jeté dans le fatal état de *non à la mode* ces belles maisons bâties sur le modèle de la place Vendôme. Les navires étrangers prennent place vis-à-vis des Chartrons ; de là, la plupart des riches négociants de Bordeaux habitent ce quai magnifique où la superbe rue *Pavée des Chartrons*.

La plupart des rues de Bordeaux ont des noms ridicules donnés par la flatterie. Une circulaire du ministre de l'Intérieur devrait défendre, à partir de l'an 1850, de donner aux rues et places des noms d'hommes vivants. Il arriverait de là que les ministres actuels seraient les derniers grands hommes qui recevraient ce genre d'honneur. Pas une rue Vergniaud ; pas une rue Valazé. La seule rue bien nommée est celle où est mon hôtel : rue *Esprit des Lois*.

Par ce beau soleil, rien ne peut être comparé à la place Tourny ouvrant sur les Quinconces. Toutes les maisons bâties au couchant, datant du temps de cet excellent intendant M. de Tourny (1743 à 1757), n'ont qu'un premier étage avec ornements de guirlandes de fleurs sculptées. Toutes les maisons bâties au levant depuis 1817 sont magnifiques et seraient dignes de l'Italie, si la corniche du toit avait plus de saillie et que l'on n'eût pas tant sculpté les appuis, les couverts de fenêtres et les malheureuses petites consoles supportant le toit. Il n'y a rien de *mâle* dans toute cette architecture ; on soupire pour le sérieux sombre d'une rue d'Arezzo. Quel effet produirait ici la magnificence gaie du Palais de la Poste aux lettres de Venise ? (J'oublie le nom de l'illustre maison qui l'a vendu.)

Un bordelais, homme d'esprit, qui m'a vendu des vins hier, blâme beaucoup les deux colonnes rostrales placées au levant des Quinconces et qui sont justement le seul ornement de Bordeaux, joli et bien placé. Mais elles n'ont encore été vantées dans aucun article de journal venant de Paris.

Je placerais dans les Quinconces une copie en bronze du *Penseroso* de Michel-Ange en lui donnant les traits du Prince Noir (*the black prince*) que Bordeaux aima à la fin du moyen âge. Elever une statue à un Anglais ! Il y aurait de quoi faire mourir de rage les Anglais de la basse classe qui nous haïssent encore. Le goût des Bordelais aurait besoin d'être secoué par les fureurs senties de Michel-Ange. J'ai vu la bonne compagnie de ce pays-ci admirer les figures *gracieuses* de la lithographie.

Palais Gallien dans le faubourg Saint-Seurin. — C'est un amphithéâtre bâti apparemment du temps de Gallien. Le plus grand diamètre avait 226 pieds et le plus petit 166. C'est une ruine qui n'offre aucune beauté. La principale porte, vue de face, donne l'idée d'une église qui a perdu son toit par un incendie. La porte d'entrée est suivie de trois autres, pratiquées dans de gros murs construits de petites pierres carrées, séparées à intervalles très rapprochés par des assises de briques ordinairement composées de trois briques. Ces briques entrent aussi dans les voûtes à plein cintre des portes et fenêtres ; elles sont formées d'un rayon en pierre et d'un rayon d'épaisseur égale en brique. On a employé beaucoup de mortier, presque deux tiers de pouce entre chaque assise de pierre. Il est vrai que ce mortier, que j'ai attaqué avec une canne, est devenu plus dur que la brique et même que la pierre.

Le rez-de-chaussée de cet amphithéâtre était d'ordre toscan. Quatre galeries placées l'une sur l'autre régnaient à l'entour (voir *Mémoires de l'Académie des Belles-Lettres*, XII, 259 ; il y a de bonnes gravures). Le palais Gallien a beaucoup souffert depuis le temps où ce mémoire a été écrit. Je n'ai jamais vu de ruine antique aussi laide ; cela est plus laid que la pyramide de Vienne.

Les deux cornes du magnifique croissant que la ville de Bordeaux forme sur la Garonne regardent le levant. La ville est au couchant de la Garonne laquelle coule du Midi au Nord. Le mot coule n'est pas très juste : pendant la moitié du temps la marée qui remonte rapidement fait couler la Garonne du Nord au Midi. Avec cette marée remontante arrivent tous les bâtiments qui viennent de la terrible embouchure du fleuve vers Royan et la tour de Cordouan.

Toulouse, le 27 mars 1838.

Les affaires de la maison m'obligent à passer quelques heures à Port-Vendres.

Le dimanche 25 mars, après huit jours de pluie par le vent d'ouest, le temps s'est éclairci sur le soir. A cinq heures, je me suis embarqué dans le bateau à vapeur qui remonte la Garonne jusqu'à Agen. Quelques grands arbres au levant du pont l'accompagnent bien et font une jolie vue.

Temps magnifique sur la rivière. Belle vue tranquille que l'on a de la chambre du bâtiment, où je vais me mettre à l'abri du soleil qui me fait mal et du tapage de l'embarquement. La rivière coule vers Agen à cause de la marée qui remonte. Ce soir, dit-on, la grande marée. Belle vue des coteaux au-dessus du pont, presque aussi bien que le coteau de Lormont au-dessous des Chartrons. Je trouve, appuyé sur la fenêtre du bateau ce qui est pour moi le comble du bien-être physique, une chaleur assez forte pour qu'il y ait un extrême plaisir à prendre le frais. Hier soir, on avait froid. Jolies fabriques qui reflètent les rayons du soleil couchant entre de grands arbres de quarante ans qui couronnent la suite de mamelons au levant de la Garonne. A mon entrée dans le bateau j'ai été reçu par le cuisinier, lequel a un air obligeant et cultivé qui fait un contraste bien frappant avec les façons de ce pays de la Garonne, où chacun avant tout songe à se faire valoir. Les compagnons de navigation sont tout-à-fait gascons et, pis encore, vulgaires et parlent d'eux et de leurs exploits en adressant la parole au cuisinier d'un air terrible.

Le conducteur de la diligence de Bordeaux à Agen et Toulouse fait exception : c'est un bon flamand d'Aix-la-Chapelle qui nous raconte comment son père a été ruiné par la guerre de 1794. Il a un chien charmant nommé Spitz avec lequel je m'amuse toute la soirée. J'échange quelques mots avec un pauvre jeune homme pâle mais de la plus belle figure (beauté de Craven, il ressemble à la tête de Werther [édition Sévelinges], il a l'air bien poitrinaire) et qui espère se remettre par l'air natal. Il retourne des marais de la Vendée où il avait un emploi dans les environs. C'est le genre de beauté des têtes de Canova ; yeux en amandes et très peu d'intervalle entre le nez et la bouche. Je m'efforce d'augmenter le bon espoir de ce pauvre être souffrant ; il a la fièvre tous les jours depuis le mois de décembre. Je ne lui ai pas vu un geste ou une parole du même genre que les gestes et les paroles

des sept à huit autres passagers des premières. J'ai fait ce trajet en septembre
1828 en allant voir la terreur (par le
comte d'Espagne à Barcelone), mais,
n'ayant pas écrit de journal, nuls souvenirs
nets. Seulement sensations charmantes
dans le moment.

Après le dîner, assez bon et servi de
bonne grâce, je reste longtemps sur le pont.
Vers minuit le froid me force à aller prendre
place sur les coussins de la chambre. Par
bonheur nous sommes en petit nombre.
Figurez-vous le plaisir de disputer un
coin de coussin à des Gascons sentant l'ail.
A six heures et demie nous passons vis-à-
vis Cambes, à deux lieues de pays de Bordeaux. La nuit tombe ; le ciel est clair ;
le rivage assez bas ressemble à un énorme
caïman, répété qu'il est dans les flots. La
moitié de dessous est de la même couleur
sombre que celle de dessus. Les rives de
la Garonne continuent à présenter des
bouquets d'ormes qui couronnent des collines garnies de maisons. Nous n'arrivons
à Langon qu'à onze heures du soir. On
s'arrête pour embarquer du bois. Je reste sur
le pont. Quand les forêts sont dépouillées de
feuilles, à travers les branches, les étoiles
très brillantes font un singulier effet et
qui agit fortement sur l'imagination.

Les flammèches de bois qui s'échappent

de la cheminée sont en partie éclipsées par
la vapeur qu'on laisse échapper et ressemblent à des nébuleuses. Quelques-unes de ces
flammèches vont assez loin.

Un ou deux des soldats qui sont aux
secondes pénètrent aux premières et chan-
tonnent avec aisance en se dandinant avec
grâce comme fait Elleviou. Le sentiment
de braver, éminemment français, les
amuse.

— Lundi 26 mars.

Le lendemain matin, le pauvre jeune
homme m'apprend que j'ai choisi la plus
mauvaise place sur les coussins. Le conducteur flamand s'était emparé de la
meilleure et lui, le joli jeune homme, avait
pris la seconde. Ces choses-là m'arrivent
toujours. Je suivais dans la sphère des
possibles ou plutôt des impossibles, des
idées romanesques. Ce mouvement égal
de la barque, cette soirée tranquille, ce
ciel resplendissant d'étoiles me jetaient
dans des idées bien éloignées de la *bonne
place* sur les coussins. S'il y avait eu beaucoup de monde sur le bateau, j'aurais
marqué ma place en entrant ; il eût fallu
songer à la garder en descendant de bonne
heure pour déjouer les empiètements vul-

gaires de ce public ; c'est ce qui fait que
j'abhorre la foule qui ne permet pas la
volupté de vivre au hasard et de se livrer
au plaisir de faire des romans ; et, je le
jure, en dépit de l'âge, je ne songeais pas
aux broderies du collet de mon habit. Le
premier degré de ma rêverie avait été de
me réciter à moi-même le premier sonnet
de Pétrarque qui, malgré une faute de
logique ou deux, me semble un des plus
beaux ouvrages de l'esprit humain.

En passant devant la tour de La Réole,
le jeune homme me fait remarquer com-
bien les rives de la Garonne sont supérieures
en beauté aux rives trop vantées de la
Loire d'où il arrive.

A onze heures et demie du matin nous
passons sous le pont suspendu de Tonneins,
garni d'une foule de paysannes en cotil-
lons rouges. C'est jour de foire à Tonneins,
mot que l'on prononce ici *Tonin-ce*. Le
balcon en fer du jardin public est aussi
garni de jupons rouge garance. Cette petite
ville connue par sa manufacture de tabac
est bâtie sur l'extrême bord d'un rocher
de pierre tendre d'une trentaine de pieds
de hauteur. Le bateau s'arrête pour dé-
barquer les voyageurs au pied d'un escalier d'une quarantaine de marches établi
dans ce rocher. Les maisons ont trente
mètres. La ville s'étend longuement le

long de la rivière. Les anciens murs au bord de la rivière ont des assises de briques mêlées à la pierre. La Garonne fait un brusque détour à droite en fuyant le rocher de Tonneins. Peu après, elle reçoit le Lot, fort gros dans ce moment. J'oubliais de dire que les bords de la Garonne portent tous les signes d'une inondation récente. Les *brindilles* entraînées par l'eau sont restées attachées aux branches des vernes et des saules à huit pieds au-dessus du niveau actuel, et cependant beaucoup de prairies basses, plantées de saules, sont encore couvertes d'eau.

Malgré cet état de la rivière, notre bateau qui ne tire pas deux pieds d'eau trouve le secret de toucher et de s'engraver un instant, et la petite soupape, pratiquée sous le bateau pour fournir de l'eau à la pompe est tellement dérangée par cet accident que la vitesse du bateau, si l'on peut appeler cela vitesse, qui était d'un peu plus d'une lieue à l'heure est réduite à trois quarts de lieue. On commence à dire sur le bateau que nous verrons Agen bien après cinq heures du soir, heure accoutumée de l'arrivée. Quoique nous ayons assez froid, j'accroche un coup de soleil et tout-à-coup je me sens la figure brûlante. Changement de peau le lendemain.

Mais on s'arrête pour embarquer du bois

à Port[-Sainte-Marie]. Tout-à-coup nous voyons un gros bateau chargé qui avait passé à côté de nous en descendant le cours de la rivière se rapprocher de nous rapidement. Tous les bateliers crient ; enfin la pointe de ce bateau vient casser nos vitres des fenêtres de l'arrière. Nos roues ont rencontré une corde attachée à ce malheureux bateau et qui flottait dans la rivière ; elles l'ont accrochée, l'ont rapidement dévidée, enfin la corde a passé à côté de nous en ratissant la balustrade du bateau, et quand les deux bateaux se sont touchés, elle a cassé. Pendant les quatre minutes d'anxiété, les mariniers, entièrement occupés de ce singulier accident ont oublié la chaudière qui heureument, au lieu d'éclater, s'est contentée de mettre le feu au bateau. Les bateliers, occupés à éteindre le feu, s'écriaient :

« Nous retournons à Nantes, nous ne pouvons plus manœuvrer. » Les passagers sont accourus vers la chaloupe ; le bateau était couvert de flots de fumée blanche. Tout-à-coup, il a repris sa marche : on avait pu éteindre l'incendie sans vider la chaudière. Mais grand Dieu, quelle marche ! Nous n'avons pu gagner Agen qu'à dix heures du soir et ordinairement on y arrive à cinq.

Un riche propriétaire des environs,

garni de plusieurs croix, m'a assez amusé ;
il s'est mis en colère parce que des femmes
qui lavaient leur linge le long du fleuve
étendaient ce linge pour le faire sécher à
de jeunes peupliers gros comme la cuisse.
Que cela n'arrive plus ! leur a-t-il crié de
loin avec humeur. Telle est la misère du
propriétaire de campagne : il se fâche toujours et contre de pauvres diables que la
nécessité, non le caprice, porte sans cesse
à le gruger. Et ces propriétaires, souvent
vieux courtiers disgraciés, ont l'impu-
dence de citer Virgile et de parler des
plaisirs des champs !

Que faire à Agen à dix heures du soir ?
Je suis allé à un café que j'ai trouvé rempli
de manants jouant aux cartes. Ils s'amu-
saient ; ils étaient dans leur droit ; ils ne
me faisaient aucun mal ; ils ont été polis
pour moi, et, cependant, j'ai pris en dégoût le séjour d'Agen. Je suis monté à
onze heures du soir dans la diligence qui
partait pour Toulouse.

Je me réveille à cinq heures lorsque
la diligence change de chevaux à Moissac.
Belles maisons en briques ; je me crois dans
ma chère Lombardie (qui n'a d'autre défaut
que le Metternich), je suis charmé. Belles
moulures et cadres des fenêtres, etc. La
brique engage à se départir de la laideur
gauloise. Saillie convenable du toit sur le

mur. Cela manque toujours en France.
Pour achever de me séduire, la rue de
Moissac est bordée par une allée de beaux
arbres. Je sais qu'il y a ici une église singulière à voir, lorsque je voyagerai en poste.
Les deux garçons qui occupent le coupé
avec moi m'amusent ; plaisir qu'ils ont à
parler d'eux-mêmes et je leur pardonne
de sentir un peu l'ail.

— Toulouse, 27 mars 1838 [1].

Arrivé à midi à l'hôtel Casset. Colonnes,
moulures en briques de la façade. Ville
pavée en petits cailloux gris noir de la
forme d'un rognon à la brochette ; marche
insupportable comme à Lyon.

Toulouse est presque aussi laide que
Bourges, seulement les maisons ont trois
ou quatre étages ; mais je crois qu'on
n'en trouve pas trois de suite dont la
façade forme une ligne droite.

Mais Toulouse a un charmant musée et
surtout un cloître gothique où l'on a
rassemblé les marbres romains ou chrétiens. Il me rappelle ce charmant musée des

1. Toulouse, 27, 28 mars 1838, plus une matinée jusqu'à
neuf heures. — Bon hôtel Casset ; bon café Lissençon. Voir
Saint-Sernin, le Musée, Saint-Étienne, le pont sur la Garonne
et les Pyrénées.

Petits Augustins, si monarchique, si religieux, que l'imbécillité aveugle de certaines gens se hâta de détruire en 1815.

Grossièreté et saleté incroyables de la classe peuple de Toulouse, à laquelle seule j'ai eu affaire depuis cinq heures que j'y suis. Quelle différence avec l'hôtel de M. Baron à Bordeaux, auquel on ne peut reprocher que de sentir le graillon !

Néanmoins je suis charmé d'avoir fait une pointe d'Agen à Toulouse. Treize heures de temps et la vue de Moissac à cinq heures du matin qui m'a fait un vif plaisir. Je me serais cru dans ma chère Lombardie. Beauté du ciel, douceur de l'air et surtout maisons bâties en briques avec des corniches élégantes. Une ou deux même ont leur saillie convenable à la corniche qui, d'après la mode actuelle, est toujours surélevée à Paris[1]. Jadis elle avait souvent une saillie convenable. A Moissac de beaux arbres à belles membrures élégantes achèvent de former la beauté de la rue vraiment remarquable. Et ils étaient beaux, n'ayant pas une feuille.

Mme de N. m'avait parlé du charmant portrait de Descartes qui est au Musée de Toulouse ; j'en ai été extrêmement satis-

1. Les dernières lignes sont biffées et au travers Stendhal a écrit : « already said », *déjà dit*. N. D. L. E.

fait. C'est bien là le jeune philosophe,
nullement niais et crédule, encore moins
hypocrite pour avoir de l'avancement
(ou pour entrer à l'Académie) qui doute
et que son doute plein d'anxiété rend

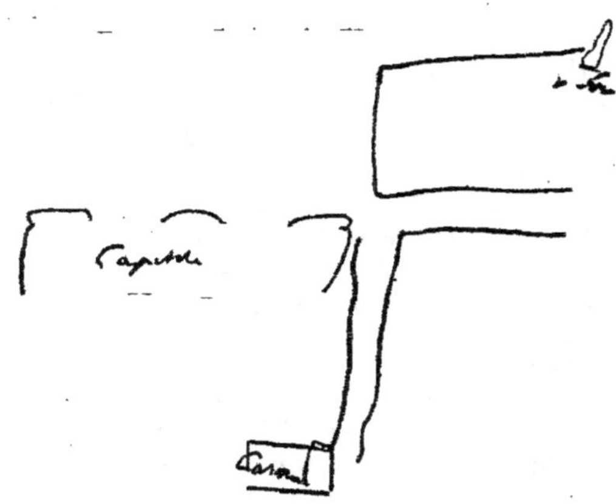

maigre et hagard. Mme de N. avait toute
raison.

Beau et curieux portrait de Henry de
Montmorency, décapité à Toulouse, et
de Cinq-Mars, qui a un malheureux air
fat et les cheveux si irréprochablement
bouclés du portrait du Palais-Royal.

. Le Cinq-Mars de Toulouse a un front
.vraiment français. Nez fort grand.

Le plaisir de voir ce musée, après un mois sevré du plaisir de voir des tableaux, fait que je ne vais pas me coucher, après deux nuits passées sans me déshabiller.

Après le musée, j'erre dans les rues à pavés pointus. Je ne vois rien que de laid et que de grossier. Si je rentre chez moi, je m'endors. J'entre dans une belle boutique de coiffeur dans la belle rue Saint-Rome, je crois, au nord-ouest du Capitole.

Grossièreté étonnante et curiosité des deux petits barbiers.

En sortant de leur maison, je vais prendre du café à l'un des trente cafés qui bordent la place du Capitole : c'est le meilleur, le café Lissençon. Un peu ranimé, malgré le pavé pointu, je vais à Saint-Sernin.

Magnifique église à arcades rondes ; cinq nefs étroites ; les piliers carrés de la grande nef ont une colonne engagée vers cette nef et elles montent jusqu'à la naissance de la voûte. Ces colonnes ont un chapiteau imité du corinthien et un piédestal tout-à-fait grec. Magnifique église romane ; partout des arcs en plein cintre. Façade aussi simple et aussi plate que possible ; deux portes à arcs ronds ; au-dessus, cinq petites arcades en plein cintre ; plus haut, une grande rose ; nulle apparence à l'extérieur ; c'est le contraire d'une

église gothique, la cathédrale d'Amiens,
par exemple ; ici, murs blancs avec, au
milieu, des fenêtres en plein cintre, tout-
à-fait sous le toit.

Mais en entrant dans Saint-Sernin aspect
magnifique. Je ne trouve que deux arceaux
gothiques à deux fenêtres bouchées, dans
la partie supérieure du vestibule.

Ce vestibule ne répond qu'à la nef du
milieu, fort étroite et à laquelle on descend par neuf marches. Les piliers, de
forme éminemment carrée, qui présentent
de partout des angles droits, au nombre de
douze ou seize ont, du côté de la grande nef,
des colonnes engagées évidemment copiées
de la colonne corinthienne.

Belles et nobles galeries au-dessus des
deux nefs de côté. La retombée du milieu
des arcs, plein cintre toujours (tout est
en plein cintre et en angles droits) des
fenêtres qui, de ces galeries, ouvrent sur
la nef du milieu, est soutenue par de jolies
colonnes imitées du corinthien et placées
dans un plan parallèle à la façade.

Le clocher très haut de Saint-Sernin
s'élève du centre de l'église sur les quatre
énormes piliers octogones de la croisée ;
absolument comme Saint-Pierre de Rome,
excepté que tout est plus étroit. Le
chœur qui commence à ces piliers octogones
orné de peintures à fresques médiocres,

mais qui n'ont rien de la laideur gauloise. Je ne les ai guère regardées, mais cela est probablement de l'école de Florence, au xvie siècle.

Ces peintures sont touchantes. Le Père éternel, à la voûte du chœur, fort long vu de près, mais que sa position sous une voûte ramène à de bonnes proportions, vu de la nef, n'est point une figure idéale. C'est le portrait d'un homme de cinquante ans fâché.

Cette église est mal tenue ; elle a de l'odeur. Des ouvriers nettoient les chapelles ornées de colonnes corinthiennes régulières, élevées de nos jours. Cela ne choque point ; elles sont d'accord avec les colonnes de l'édifice primitif imitées du corinthien. L'autel fort compliqué a un bas-relief doré. Un taureau au galop (le mouvement est bon) entraîne saint Sernin qui n'a pas voulu l'offrir en sacrifice aux dieux dont la décadence commence [1].

Le vestibule est terminé par une voûte gothique à nervures. Saint-Sernin fut fini sous le règne du gothique. Le premier pilier de l'église vers l'*atrio* a deux colonnes engagées.

Sur la place, à droite de la façade, bâtiment sombre de la Renaissance en briques

---

1 Ici histoire de Saint-Sernin [Millin].

non recouvertes qui donne de la physionomie à cette place solitaire ; de l'autre
côté, murs de jardin.

Il n'y avait personne dans cette magnifique église. J'y passe deux heures, recevant des sensations par tous les pores ; cela
me console de deux nuits passées sans me
déshabiller. Nulle terreur, car il n'y a pas
d'arcs pointus ; seulement tristesse à cause
de l'extrême manque de largeur de la nef
du milieu.

Je sors pour voir le clocher ; il est composé de cinq étages d'arcades en briques
surmontées d'une pyramide à côtés en
briques. Les trois arcades inférieures plein
cintre, les deux supérieures à pointes
mais cette pointe est un angle droit.

Cette église, commencée en ***, fut
terminée en ***.

Les nefs contre les fenêtres (4e et 5e),
plus basses que les nefs 2e et 3e. Les nefs
4e et 5e ont des fenêtres rondes par le
haut donnant sur les nefs 2e et 3e.

Saint-Sernin, comme je l'ai dit, plus que
simple à l'entrée, a deux portes au midi.
Celle qui est plus voisine du clocher
offre à l'extérieur deux petits lions assez
mauvais en bas-relief et deux colonnes
à chapiteaux historiés imitant le corinthien.

Dix piliers portent des arcs en demi-cercle ; ils sont terminés par plusieurs angles droits séparant Saint-Sernin en cinq nefs. Je ne compte pas les deux colonnes engagées de l'entrée.

La rue où l'on trouve les marchands, rue Saint-Rome, je crois, conduit à une place triangulaire, Sainte-Trinité, au milieu de laquelle est une fort jolie fontaine : une coquille de marbre blanc soutenue par trois sirènes. Abondance d'une belle eau. Une autre place (d'Orléans) a un jardin passable. Eau excellente à Toulouse ; c'est la seule supériorité que cette laide cité a sur Bordeaux dont l'eau est affreuse. Ce qu'il y a de plaisant, c'est que l'eau admirable de Toulouse est tirée de la Garonne par une machine à vapeur dont un ruisseau, tiré de la Garonne, fait mouvoir les roues. Rien de plus simple et Bordeaux ne suit pas cet exemple. L'eau de Toulouse, non seulement a la bonté suprême de l'eau que l'on boit à Rome, elle en a aussi la légère et agréable odeur.

Rien de plus laid que le port sur la Garonne si ce n'est la porte qui le termine et la statue en bas-relief de Louis XIII, je crois, qu'un bataillon de la garde nationale toulousaine y a rétablie. C'est autour de ce port sur la rive gauche de la Garonne que s'élève la machine à eau qui forme une tour d'élévation médiocre. Les ormes

du cours voisin sont horribles ; ils ont
l'air d'avoir huit ou dix ans ; il n'y a
quelques beaux arbres qu'à la jonction
du canal du midi avec la Garonne. Pour
que les deux mers fussent vraiment réunies,
il faudrait que la Garonne fût navigable
de Toulouse à Langon, il faudrait un
canal latéral. En allant au port j'ai remarqué une fort belle église de briques avec une
foule de contre-forts étroits. Elle appartient au régiment d'artillerie de Toulouse
qui y place ses chevaux. Je suis entré
dans l'église de la Daurade ainsi nommée,
dit-on, parce qu'autrefois ses pilastres
étaient dorés. Ils sont recouverts aujour-
d'hui d'immenses morceaux de papier
noir marbré de blanc. Rien de plus
laid, mais cette laideur est peut-être
causée par le saint temps de carême où
nous sommes.

Toulouse a un autre privilège : le café
y est chaud, chose inconnue à Bordeaux,
mais le provincial, pour se mettre à la mode,
le sert dans des bols polygonaux sans anse
qu'il est impossible d'aborder. Comme je
demandais une tasse de café au lait, le
garçon m'a servi une demi-tasse. J'ai
expliqué ce que je voulais.

—Alors, Monsieur, m'a-t-il dit, il faut dire
un bol.

Le dîner à table d'hôte est abondant,

mais il n'y a personne pour servir et cela
devient un pillage grossier et dégoûtant ;
chacun tire à soi un plat, se sert de ce qu'il
veut et remet le plat inutile au milieu
de la table. Grossièreté et appétit de mes
voisins. Je ne vois avec plaisir qu'une
jeune Espagnole sans physionomie, avec
de très beaux yeux (comme Pepita, sœur
de Gina Pietragrua). Elle parle uniquement
à son mari ou amant.

Le commencement de la rue qui va de
la place de la Trinité au port, a de jolis
édifices à corniches et à colonnes, le
tout en briques, comme tous les murs
de Toulouse. Il y a même une maison
qui a des cariatides point mal. Cette rue
est la seule qui ait un trottoir, garni,
il est vrai, de petits pavés pointus de la
forme d'une amande ; mais d'ici à dix ou
vingt ans, les échevins de Toulouse appren-
dront l'existence des trottoirs en bitume
qui semblent faits et mis au monde pour
les pays d'infâmes petits pavés pointus.
Les trottoirs du pont sont ainsi. Que
dirai-je ? Le contre-chemin de la place
du Capitole consacré à la promenade à
pied est en pavés pointus.

Pour moi, toute la journée, je n'ai
pensé, ni regardé en marchant. C'était
beaucoup que de ne pas tomber, et, malgré mes soins, je me faisais un mal horrible.

La rue où se trouve l'hôtel Casset, va
de la place du Capitole à la place Lafayette,
ellipse fort régulière d'où partent plusieurs
rues. Toutes les maisons ont deux étages
et une architecture semblable. Cette place
n'est pas mal ; les maisons sont encore
couleur de briques ; on va les mettre en
café au lait clair comme le Capitole.

Le Capitole, façade bâtie en ***, est
tout ce qu'il y a de plus laid, mais le reste
de la ville est si mesquin que la vue de ce
gros bâtiment donnant sur une place
à peu près carrée, fait plaisir. Ce palais
a un rez-de-chaussée et deux étages.

Il y a deux avant-corps aux ailes, et
un au milieu ; tout cela a des angles
timidement arrondis par la main des
grâces au siècle de Louis XV. L'avant-
corps du milieu porte huit colonnes de
marbre rougeâtre qui se détachent lour-
dement sur l'édifice peint à l'huile en tota-
lité d'une magnifique couleur *café au
lait clair*.

Ces provinciaux sont étonnants : ils
auraient cru se déshonorer en donnant
à ce palais qui vit couper le cou au duc
de Montmorency en 1632, la couleur que
tous les édifices prennent après deux
siècles, la couleur de la Tour Saint-Jacques-
de-la-Boucherie à Paris.

Ce qu'il y a peut-être de plus laid dans

cette façade, c'est la courbe de la cou-
verture des fenêtres. Un demi-cercle eût
été si noble ! mais le demi-cercle semblait
trop sérieux en 1761. La bonne compagnie
était folle du style de l'abbé Delille. Il
y a donc 21 fenêtres. La balustrade qui
termine le bâtiment dans le ciel est d'une
laideur aussi cherchée. Entre les montants
de cette balustrade, on aperçoit le ciel par
une suite d'ouvertures qui ont la forme
d'un œuf allongé (ellipse).

Les avant-corps sont terminés dans le
ciel par des groupes guerriers peints en
blanc, tandis que le bâtiment a été
mis en café au lait. Le groupe à ma droite
est terminé par une contrebasse couchée.
Je ne vois qu'une chose passable dans tout
ce gros édifice : c'est le buste de Napoléon
en demi-bosse qu'ils ont eu le courage
de rétablir au centre du triangle du centre,
porté par les huit colonnes de marbre
rougeâtre. Il est vrai qu'on lui a donné
trop de saillie et la physionomie d'un garçon épicier. Mais enfin un tel buste est
surprenant dans la ville qui soutint le
bien jugé de Calas.

Ce palais a une girouette fort utile,
indiquant d'où vient le vent.

Je vais me permettre une supposition
absurde : je suppose que MM. les échevins
de Toulouse qui, d'ailleurs, sont des

modèles de toutes les vertus sociales,
arrivassent par l'effet d'un miracle à sentir
la laideur absolue et sans remède de la
façade de leur Capitole, je dis qu'avec
peu de dépenses, ils pourraient en faire
un des plus beaux édifices de France.

Il faudrait, sans démolir la façade
actuelle, élever à dix-huit pieds en avant
un mur en briques présentant la copie
exacte des *Procuralie vecchie* de Venise,
à la droite du spectateur qui regarde
Saint-Marc. On ferait les colonnes et moulures en briques, comme cela se voit dans
la rue du port. On pourrait mettre en saillie de six pieds le tiers de la façade placé
au centre. Le portique à couvert aurait
en ce lieu vingt pieds de largeur au lieu
de quatorze. On pourrait choisir un autre
des beaux palais de Venise, mais je préférerais à tout les *Procuralie vecchie*.

Le nord et le midi de la place du Capitole
sont formés par des bâtiments fort plats
mais réguliers. Les maisons horribles qui
font face au Capitole, font ventre sur
la place. Je pardonne parfaitement leur
existence à la ville de Toulouse ; elle n'est
pas assez riche pour les acheter. Si jamais
on peut les acheter, il faudrait agrandir la
place au couchant de tout l'espace qu'elles
couvrent.

Cette place est couverte toute la journée

d'une foule de petites boutiques. J'y achète trois réfutations protestantes du mandement de Monseigneur l'archevêque pour le Carême.

— Toulouse, 28 mars.

Je trouve en sortant une paysanne qui porte sur la tête un paon dans une corbeille ; sa magnifique queue dépasse la corbeille de trois pieds. Son cou magnifique et chatoyant se balance avec grâce ; l'aigrette de sa tête est admirable. Ce paon est environné de jeunes paons éclos depuis peu ; on va les vendre. Je reste ébahi ; cela est admirable de couleurs.

Cent pas plus loin je trouve un petit prêtre de dix ans en petit collet, chapeau tricorne et costume complet ; sa mère le mène par la main.

Cette nuit j'ai entendu sonner les quarts et demies des heures par de belles cloches, *bene intuonate* à l'italienne ; ce matin, j'ai été réveillé dans le ciel par toutes les cloches de la ville sonnant l'Angelus par des successions de belles notes placées à beaux intervalles, comme en Italie. C'est le plaisir qui m'a réveillé, car le bruit était bien petit.

J'entre au café et je bois un verre d'eau

comparable à celle de Rome et le café est chaud. Conversation pleine de sens et de piquant des officiers d'artillerie, mes voisins à la table de droite. Niaiserie pitoyable des bourgeois à la table de gauche. Ils finissent par jouer aux dominos, dès le matin.

Les rues sont sans doute fort laides et fort étroites, mais aujourd'hui 28 mars, je cherche l'ombre et j'évite le soleil. Que serait-ce en juillet ?

Je vais voir les Pyrénées du port de la Garonne.

Je cherche la cathédrale Saint-Étienne ; avant d'y arriver à droite, d'un côté cette inscription : rue Fermat (grand géomètre qui honore Toulouse) ; de l'autre côté cette ancienne inscription : *rue des Nobles*. Voilà qui peint à merveille l'état de la civilisation à Toulouse. Quand j'y passais en 1828, la bonne compagnie soutenait que le Parlement toulousain avait eu raison de condamner Calas. C'est ce qui fait qu'à ce voyage-ci, je ne veux parler à personne de bonne compagnie.

On a oublié de bâtir la nef de Saint-Étienne de façon que cette église a cette forme unique :

La façade n'est qu'un tiers de façade.

La grande salle carrée dans laquelle on débouche contre la nef gauche est la moitié de la grande nef d'une magnifique église à voûtes et nervures gothiques.

La grande nef, soutenue par de gros piliers ronds, sans tailloirs. On voit naître du pilier les divers membres de la voûte gothique. Mais quelques frêles colonnettes, adossées aux gros piliers, ont de petits chapiteaux, gros comme le poing au point de la naissance des parties de voûtes qui leur correspondent. Ainsi plusieurs *poignées d'asperges* de la voûte sortént des gros piliers ronds sans qu'aucun tailloir marque le passage.

La grande salle carrée débouche à demi contre une sorte de *jubé* de la Renaissance.

Je croirais Saint-Étienne du style flamboyant [1].

En furetant dans cette église, je parviens à un joli petit jardin (à droite de la nef de droite) où l'on vient de planter des arbres. Là j'étais seul ; je m'arrête à entendre avec volupté le joli chant des cloches. Fraîcheur délicieuse ; j'y serais resté si je n'avais eu peur d'être pris pour un voleur, et, si un prêtre insolent m'avait

----

1. To ask to Academus.

grondé (comme jadis à Saint-André d'A.
avec M. D[uvergier] de H[auranne]),
je me serais mis en colère.

L'admiration et l'extrême attention
m'avaient tué. Je rentre chez moi. Vent
du Nord et, toutefois, je prends le frais
avec délices à une fenêtre en plein nord
(n° 43, hôtel Casset ; prendre toujours
cette chambre au quatrième. Ces gens
si bruyants, prononçant toutes les finales
et quelque peu grossiers, n'ont pas la
patience de monter au quatrième).

Je comprends parfaitement le toulousain qui ressemble infiniment plus à l'italien qu'au français ; il me semble entendre
un dialecte d'Italie. Une femme vient de
dire à côté de moi : *passegiar* pour promener ; la phrase m'indique que *pla* veut
dire beaucoup ; il y a quelques mots
français.

Dès que j'ai repris courage, je retourne
à Saint-Sernin qui m'a profondément
intéressé. C'est le premier édifice roman
qui m'ait donné une profonde sensation de beauté.

Le chœur proprement dit est entouré
de piliers rapprochés ; de là, arcs allon-
gés par les côtés pour atteindre le niveau
général des arcs de l'église.

Sur les gros piliers octogonaux soutenant
le clocher, le premier saint, à droite,

s. Edwardus rex Anglie, à gauche, *s. Georgius*. Comme à l'ordinaire je ne cherche dans la *Gallia christiana* ou ailleurs, l'histoire d'une église, et je ne lis les descriptions dans les *Annuaires* qu'après l'avoir vue, le tout pour n'être point *envasé* par la sottise provinciale ou pédantesque. Saint-Sernin aurait-il été peint sous le règne des Anglais, comme les églises de Bordeaux ont été bâties ?

Le...[1] de l'autel fort léger est soutenu par six jolies petites colonnes corinthiennes qui ne choquent point ici.

Rien de triste dans cette charmante église (par là si peu digne de l'enfer) que le peu de largeur de la nef principale. Toujours mauvaise odeur.

En revenant de Saint-Sernin, bien fatigué par l'extrême attention donnée à tout dans une ville que je prétends connaître, que je juge en deux fois vingt-quatre heures, je remarque deux statues de saints, au col tordu, contre une façade singulière. Ces saints me rappellent le mot italien *colle torto*, qui veut dire hypocrite.

J'entre : salle carré long, avec petit élargissement grossier pour accompagner l'élévation de deux marches qui se trouvent devant l'autel. Cette église est fort ornée

---

1. Un mot en blanc. N. D. L. E.

à l'aide d'une foule de tableaux bien moins
exécrables que ceux du Nord de la France.
Ces tableaux offrent une sorte d'imitation
lointaine du Guerchin, mais à mille lieues,
et, probablement, je n'en accepterais aucun
à titre de don. Ces tableaux sont séparés par
des pilastres corinthiens dorés. Un vieillard entrant dans l'église m'apprend que
c'est Notre-Dame-du-Taur [1].

Les nervures gothiques de la voûte
jointes à la magnificence des cadres font
que Notre-Dame-du-Taur, quoique fort
jolie, ne manque pas d'onction.

Ce qui augmente cette onction, c'est le
petit élargissement du fond et l'autel
élevé de deux marches. Chaque tableau
a une inscription pieuse en belles lettres
d'or. Cela a la physionomie d'une église
de couvent de religieuses à Rome [2].

— Toulouse, 29 mars 1838.

Je pars à neuf heures ; je fais attendre
la chaise de poste pour donner un dernier
coup d'œil à Saint-Sernin. Je ne daigne
pas monter dans la salle des Illustres au
Capitole ; j'ai assez souvent levé les épaules

1. Histoire dans Millin.
2. Il y faut ajouter quelques notes sur le joli musée
Ces notes sont au crayon dans le livret, 7 avril 1838.

dans cette ville, que je compare à Bourges.
Toutefois, conversation fort remarquable
entendue chez le sellier par lequel je fais
examiner la jolie calèche que M. L. a
laissée pour moi à Toulouse et qui va me
conduire à Perpignan et Port-Vendres.
J'ai regretté de n'avoir pas été présenté
aux trois jeunes gens élégants qui venaient
parler au sellier de leurs voitures. Beaucoup
d'esprit surtout chez celui qui a des cheveux blonds ; rare bon sens ; charmante
vivacité [1].

AGEN, le... [2].

De Toulouse à Port-Vendres, je dor-
mis beaucoup. Arrivé, j'ai été tout à mon
fer. J'ai donné une heure aux singuliers

1. Je demande pardon au lecteur, homme de fortune
sans doute, des détails suivants qui seront précieux en 1880
si toutefois cette baliverne existe encore en 1880.

Bateau à vapeur de Bordeaux à Agen............	10 fr.
Dîner sur le bateau...........................	3.50
Diligence d'Agen à Toulouse en 12 heures........	11
Chambre excellente à l'hôtel Casset............	1
Dîner à table d'hôte abondant, mais grossiers per-sonnages	2.50
¼ tasse de café.............................	0.30
Livret du musée, 40 pages....................	1
Étrenne au gardien.........................	1.50
Description de Toulouse.....................	1.60
Réfutation protestante du mandement de l'ar-chevêque...................................	1.50

2. Arrivé à Agen le 29 mars à deux heures moins cinq.
Parti de Toulouse ce matin à neuf heures et quart.

remparts de Narbonne qui sont un musée
d'inscriptions et bas-reliefs antiques. J'en
parlerai, après les avoir revus. Au retour,
sommeil.

A Toulouse, je quitte la poste. Je pars à
neuf heures du matin par la diligence
d'Agen, où je suis arrivé à dix heures du
soir. Laideur et nudité déplorables de la
campagne de Toulouse à Pompignan.
Château de ce poëte, piètre et même jésuite.
Le Dauphin (Louis XVI, Louis XVIII
ou Charles X ?) répète, au moment où
on le lui présente :

Et l'ami Pompignan pense être quelque chose

et en est au désespoir !

Quel malheur pour le bon parti !

Cette campagne de Toulouse n'offre à
l'œil du malheureux voyageur ni un homme
ni un arbre. Aussi je m'ennuie ferme ; je
fais tout ce que je peux pour dormir,
mais en vain. Alors je vois les voyages
en noir ; et tous mes livres sont dans mon
sac de nuit, *bâché* sur l'impériale ! Pas
moyen de faire arrêter. D'ailleurs l'ennui
m'ôte le courage d'entreprendre le pouvoir exécutif.

BORDEAUX, dimanche 1er avril 1838.

Histoire du commerce de Bordeaux.
— Enfin beau soleil, après cet hiver abominable et si long. On est bien plus sensible au climat en pays étranger que dans le lieu de la résidence habituelle. On a de nouvelles habitudes à former pour tous les petits détails de la vie.

Je ne sais jusqu'à quel point le lecteur me permettrait de lui parler de l'histoire du commerce de Bordeaux. Hier soir, chez madame Gir..., j'ai trouvé un ancien canonnier fort brave, contre Charette, qui m'a raconté sa jeunesse.

Avant 1792, Bordeaux envoyait tous les ans huit à neuf cents navires à Saint-Domingue et aux autres colonies. Les chargements étaient toujours les mêmes et assortis. En première ligne les vins de Bordeaux, les eaux-de-vie de Cognac, les farines fournies par les environs de Bordeaux, les savons, les huiles, les fruits secs venant de Marseille par le canal du Midi, des toiles, des chapeaux, etc... En un mot, une fois le vaisseau à Saint-Domingue, un planteur pouvait monter à bord et retourner à son habitation complètement équipé et approvisionné. Les bâtiments revenaient chargés de sucre et de café, que la Russie,

la Suède, Hambourg, tout le Nord venaient
acheter à Bordeaux. Il y aurait eu des
obstacles pour les marins du Nord allant
aux colonies françaises ; et d'ailleurs,
qu'y auraient-ils porté ? Par bonheur pour
les pauvres jeunes gens sans fortune, il
n'était pas d'usage que les armateurs
missent sur leurs vaisseaux de petits
objets tels que modes de Paris, gants,
etc... Ces détails étaient laissés aux commis
de la maison et aux officiers du vaisseau.

Un jeune homme de Périgueux, de
Limoges, de Bergerac arrivait à Bordeaux
et, par quelque recommandation, parve-
nait à être commis dans une maison.
Après deux ou trois ans, car tout va vite
à Bordeaux, il obtenait, par sa bonne
conduite, la permission de placer une petite
pacotille de menus objets à bord d'un des
bâtiments de la maison.

Il allait chez un des marchands four-
nissant ces objets, lui faisait sa demande ;
le marchand le renvoyait au lendemain et
le soir, à la Bourse, demandait des renseignements à l'un des chefs de la maison
dans laquelle il travaillait. Les renseignements étant favorables, il livrait sans difficulté à ce jeune commis une pacotille qui
lui était payée, six mois après, au retour
du navire. Le commis n'avait eu à payer

que les petites avances d'embarquement.

Un commis dévoué à ses patrons, après dix ans de travail, réunissait ainsi 50 ou 60 mille francs ; il avait alors 28 ou 30 ans. Quatre commis ayant chacun cette somme, ou même beaucoup moins, se réunissaient et formaient une maison ; ils achetaient un navire ; ils engageaient des matelots et des officiers ; c'était là toute leur dépense. Il ne faut y ajouter que les frais de transport des marchandises, qui, toutes, vin, eau-de-vie, farines, toiles, mouchoirs de Cholet, etc... leur étaient fournies payables dans six mois, c'est-à-dire au retour du navire. Les jeunes négociants le faisaient assurer. Il y avait des maisons qui assuraient aux divers fournisseurs le paiement de leurs marchandises moyennant un ou un demi pour cent. Elles endossaient les traites à six mois de date, fournies par les jeunes négociants possesseurs du navire.

En général, si le jeu ou la manie de briller ne faisaient pas tourner la tête au jeune négociant de Bordeaux, à 40 ou 45 ans sa fortune était faite, et cela, au moyen du travail le plus agréable du monde. On voit que ce commerce était tout le contraire de celui de Lyon. Excepté au moment du chargement de son navire, le jeune négociant de Bordeaux n'avait pas deux heures de travail sérieux ; il devait paraître à la Bourse et suivre la correspondance avec ses fournisseurs.

Ce négociant, pauvre encore, à 25 ans, à l'âge où l'on se mariait avant la Révolution, ne se mariait pas. Il n'avait pas le temps, ni la patience de faire la cour à la femme d'un autre, car, avant tout, il était *viveur*. Il se faisait donc le protecteur d'une jeune marchande de modes aux beaux yeux, venant des Pyrénées. On tirait des jeunes filles de ce pays-là, comme des mouchoirs, de Cholet.

A 45 ans, deux partis se présentaient au négociant de Bordeaux, déjà à la tête d'une fortune de 4 à 500 mille francs : continuer à vivre avec sa maîtresse, à laquelle il était attaché par les liens de l'habitude, ou lui offrir dix mille francs avec lesquels elle trouvait un honnête époux dans son pays ou dans quelque petite ville pauvre des environs de Bordeaux, telle que Tulle, Cahors, Figeac, Lectoure, Albi.

Dans ce cas, le négociant lui-même se mariait, fort tard comme on voit ; il avait peu d'enfants. Dès que sa fortune arrivait au million (somme considérable alors) il songeait à acheter une *savonnelle à vilain* (c'est le mot employé constamment dans la conversation d'hier ; cela veut dire une charge de *trésorier de France*). Après quoi le négociant dédaignait le commerce, bâtissait une belle maison dans la rue Chapeau-Rouge et aux Chartrons et vivait dans les honneurs et dans la gloire le reste de sa carrière, sablant de bon vin, donnant et recevant de bons dîners et ravi de bonheur quand il recevait une politesse de M. l'Intendant, de M. le Premier Président ou enfin, ce qui était le comble de la gloire, de M. le Gouverneur de la Province qui était le roi du pays, quand la cour lui permettait de venir dans son gouvernement.

Le négociant trésorier de France tâchait de placer son fils dans le Parlement. Peu de fils de riches négociants continuaient le commerce. Les deux heures de présence au comptoir ou à la Bourse lui semblaient un assujettissement horrible. Il se livrait en entier au caractère de *viveur*, inhérent au pays et qui dure encore.

Dans une époque intellectuelle, il y a un siècle par exemple, en 1738, un tel caractère constituait un pays dans un état d'infériorité. A une époque d'hypocrisie et de tristesse ambitieuse, la *sincérité* et la *franchise* qui accompagnent le caractère *viveur* placent le Bordelais au premier rang parmi les produits intellectuels et moraux de la France.

Deux faits principaux vinrent, au milieu
du XVIII⁰ siècle, mettre un dièse à la clé
de la mélodie que nous venons d'indiquer : l'esprit devint à la mode. Le maréchal de Richelieu, gouverneur de la Guyenne pendant de longues années, qui fut
roi absolu à Bordeaux et, malgré le Parlement, fit bâtir la salle de spectacle, montra
qu'il y avait quelque chose d'agréable à
joindre aux bons dîners : c'était l'esprit
de répartie et les grâces d'une galanterie
aimable et que l'on ne pouvait trouver
auprès des demoiselles payées. Un jour
Bordeaux apprit de Paris que le président
de Montesquieu, qu'elle regardait comme
un juge ordinaire, paresseux et bizarre,
était un grand homme. Cela fit réfléchir
les jeunes avocats. Montesquieu était mort
en 1755 ; dix ans après se formaient à
Bordeaux ces jeunes gens si éloquents, si
généreux, si connus sous le nom de Girondins, Guadet, etc... auxquels les Bordelais,
redevenus simples négociants et viveurs,
n'ont pas élevé une statue et [qu'ils] n'ont
pas même honorés, en donnant leur nom
à la rue dans laquelle ils vivaient.

Il y a une excuse ; on ne trouve plus à
Bordeaux les familles des Bordelais qui
vivaient en 1792 ; on dirait que les contemporains de Vergniaud n'ont pas laissé
d'enfants.

Les négociants, devenus trésoriers de
France, éprouvaient, dans ces temps dé
vanité, que nul n'est prophète dans son
pays. Leur fils unique entrait au service
après avoir confirmé sa nouvelle qualité
de gentilhomme par huit ou dix ans de cette
noble vie ; il se mariait, mais partout
ailleurs qu'à Bordeaux ; il y aurait trouvé
des anecdotes inutiles à entendre.

Maintenant Bordeaux se compose de
cinq villes :

1º Les négociants anglais qui vivent
exclusivement entre eux et se soucient
fort peu de Vergniaud, de Valazé et de
Boyer-Fonfrède, soutiens de Robespierre
anathématisés par M. Pitt.

2º Les négociants protestants.

3º Les négociants du Mexique, de Cuba
et du Pérou qui ont apporté des monceaux
d'or sur la place de Bordeaux et lui ont
été fort utiles.

4º Les négociants venus de l'Ile de
France et autres places de l'Inde.

5º Les jeunes gens venus, comme avant
1792, du Midi de la France, Perpignan,
Cognac, Limoges.

6º Enfin les descendants des anciens
négociants de Bordeaux, plutôt riches
capitalistes ne faisant que des affaires
sûres, que négociants.

Un peu de l'ancien commerce existait

encore à l'époque des journées de juillet.
La crainte d'un coup d'état avait déjà
diminué les affaires d'un tiers ou de moitié
à l'apparition du ministère Polignac. Tout
tomba à la fois à l'annonce de la Révolution, dont Bordeaux ne comprit pas d'a-
bord le caractère. Certaines gens lui firent
croire que l'intérêt des Bourbons allait
susciter une guerre civile. La maison
Ouillar, qui assurait par sa signature et
moyennant un pour cent les traites livrées
aux fournisseurs par les armateurs, fut
obligée de manquer pour plusieurs millions.

— Bordeaux, le... [1]

Vent du Nord. Appétit étonnant. Deux
heures et demie après avoir fait un dîner
excellent au Café de Paris (deux fr. 16,
plus 4 sous d'étrennes : 3 fr.), je sens le
besoin impérieux de prendre le second riz
au lait de la journée. Ce matin, envoyé
la lettre de M. Noël à M. Davizac.

Promené à la foire ; petit commerce de
détail ; boutiques à 7 sous et demi. Mal à
un cor développé par le bain d'hier.

---

1. Ce passage a été en réalité écrit le 14 mars, mais il a
été placé intentionnellement ici par Stendhal, N. D. L. E.

Les Florentins actuels : des chapons
ennuyés.

Saint-Michel. — La tour de Saint-Michel,
presque vis-à-vis le pont, la plus haute
de Bordeaux, est couronnée par le télégraphe ; elle est marquée par des balles
ainsi que l'église dont elle est séparée par
une cour.

Cette église gothique est tout-à-fait
gothique ; on la dit bâtie en 11... Elle a
trois nefs, celle du milieu fort étroite, le
chœur incliné à gauche.

Saint-Pierre sur la place du Chapelet[1],
près l'admirable place Tourny. C'est une
église du XVIIe siècle, forme de carte à
jouer, gros piliers ; rien de plus plat
et cependant elle est si bien peinte en grisaille qu'elle a un air de fête ; c'est presque
une église d'Italie. La façade est moins
plate qu'il n'appartient à une église française. Il y a sur cette façade des bas-reliefs
de trois pieds de haut sur quatre de large
représentant des anges. Cette baroquerie
n'est point désagréable.

Il y avait un prêtre faisant le catéchisme à de petits garçons et fort bien.

1. M. Royer relève l'erreur de Stendhal qui place cette
église place du Chapelet, alors que c'est Notre-Dame qui
y est située. N. D. L. E.

Il se mettait en quatre pour faire comprendre le mystère de l'Incarnation, puis questionnait les enfants ; les enfants ne répondaient pas. Le prêtre glissait fort adroitement sur la partie difficile du mystère, la formation du corps dans le sein de Marie et Jésus partant du ciel un instant après pour se joindre à son corps. Un des enfants était espagnol ; le prêtre, en homme vraiment éloquent, prenait des comparaisons dans ce jeune espagnol hors de son pays pour faire comprendre le voyage à Bethléem pour le dénombrement.

Au deuxième pilier à droite de cette église de Saint-Pierre, il y a la figure d'une jolie femme : c'est une madone, je crois.

Après une course vis-à-vis de Lormont et le dîner au Café de Paris, la *Vestale* m'assomme. Mme Pouilley a une voix douce et étoffée, Mme Stephen, la danseuse, ne manque pas de grâce, quand elle ne sort pas du genre naïf ; elle a un corps de Vénus de Médicis et est bien jolie. Vue par derrière, elle a la marche pudique d'une pensionnaire. Bordeaux a le sentiment de la musique beaucoup plus développé que Lyon par exemple.

Quelle différence pour la gaîté entre le quai Saint-Clair et le quai de Bordeaux, entre la douane et les colonnes rostrales ! On est dévot à Lyon ; on est joueur à Bordeaux.

Le badigeon qui gâte tant ailleurs, ferait fort bien à l'arc de triomphe, fort estimable, bâti vis-à-vis le pont sur la rive gauche. Les joints des pierres, assez petites, marqués par du mortier blanc, gâtent tout. Il faudrait peindre le tout de la couleur bistre qu'ont les pierres actuelles. Le sublime serait de revêtir de stuc imitant le marbre les colonnes engagées vis-à-vis le pont et les pilastres au couchant.

J'assiste au combat d'un beau corbeau noir bien luisant avec un chien ; le corbeau mène la guerre au chien ; mais il était essoufflé et, après un instant, regagne un cercle placé au bout d'un bâton, son séjour ordinaire.

Journée heureuse ; je n'ai pourtant parlé à personne. La beauté de Mme Stephen m'amuse ; la laideur genre cuisinière de Mme Pouilley est incroyable. C'est l'idéal de la cuisinière.

Habitants de Bordeaux : métis évidents entre la race ibère, le kimri et la race gaël. Beaux sourcils.

Mœurs [1]. — Un négociant de Bordeaux

1. Ce fragment sur le manuscrit est daté du 24 mars et accompagné des deux notes suivantes : « Mœurs de Mexico. — Un négocian qui arrive du Mexique me donne les détails

ne voit sa femme qu'à l'heure des repas.
En se levant, il va à son comptoir ; à
huit heures, il va à la Bourse, d'où il revient à six pour dîner. A sept heures
et demie, il va à son cercle où il
passe le temps à lire les journaux, à faire
la conversation avec ses amis et à jouer.
Il ne rentre qu'après minuit et souvent à
deux heures du matin.

Les femmes passent leurs soirées exactement seules ; si un homme va trois fois
par mois dans une maison, la maîtresse
de la maison lui donne avis qu'il fait jaser
sur son compte et l'engage à venir moins
souvent. Si quelques femmes déjà d'un
certain âge se permettent de recevoir,
c'est qu'elles sont gardées par des filles
déjà grandes.

Les dames de Bordeaux n'ont point
l'usage de recevoir à jour fixe. Cinq ou six
femmes, dont les maris occupent des postes
élevés dans l'administration, reçoivent
un certain jour de la semaine, mais on va
peu chez elles et à contre-cœur. A peine
arrivés les hommes se mettent à jouer
gros jeu et ne parlent guère aux femmes.
Ces soirées contrarient beaucoup les maris

suivants sur les mœurs de Mexico (façon de décrire les
mœurs de Bordeaux sans *donner offense*) ». « Voici les détails
qu'on me donne sur les mœurs de Mexico, ou quelque tournure pour ôter la dureté de l'allégation directe. » N. D. L. E.

qu'elles empêchent d'aller à leurs cercles.

Beaucoup d'hommes mariés ont des maîtresses et vont chez elles de sept à neuf heures. Ces demoiselles habitent des petites maisons à un seul étage, ou même n'ayant qu'un rez-de-chaussée ; elles les occupent tout entières. Ces maisons sont situées sur les boulevards voisins de l'église Saint-Bruno, mais elles aiment beaucoup mieux un petit appartement dans les beaux quartiers, ce à quoi les amants consentent difficilement.

On dit ce genre de commerce fort piquant ; les tours les plus singuliers sont admis dans ce jeu. Une demoiselle qui reçoit de son bienfaiteur des appointements fixes de 250 francs par mois, outre les cadeaux, l'avertit qu'elle trouve 300 francs par mois, et s'il ne couvre pas l'enchère, elle le plante là. Celui des deux qui est quitté est ordinairement fort affligé pendant quelques jours. Une chose saute aux yeux, c'est que les demoiselles sont beaucoup plus heureuses que les femmes mariées ; elles passent tous les jours deux heures avec l'homme qui les préfère.

Les jeunes gens vivent entre eux et n'ont absolument aucune relation avec les femmes honnêtes. Le petit nombre qui aime à avoir des relations tendres s'adresse à la classe nombreuse des demoiselles qui ont des bienfaiteurs. Comme ces bienfaiteurs sont en général assez occupés et ne paraissent qu'à des heures fixes, il est assez facile de les tromper, mais il n'y a pas beaucoup de trompeurs. La plupart des jeunes gens préfèrent des relations encore plus faciles.

L'isolement profond, l'ennui dans lequel les pauvres femmes passent leurs soirées avant d'avoir des filles d'un certain âge les placent à peu près dans la situation des religieuses. S'il est question de quelque consolateur, chevalier servant, on le choisit dans la maison, et la facilité des entrevues, les moyens d'éviter le terrible *qu'en dira-t-on* influent plus sur le choix que les qualités personnelles.

Il y a aussi de grandes passions. On m'assure que chaque année une ou deux jolies femmes se font enlever au sortir de la messe. Ces enlèvements sont dans le genre anglais ; l'amant quitte tout pour aller vivre au loin avec la femme qu'il préfère ; en général, on se rend à Paris.

Les amies des négociants sont, en général, fort jolies ; elles viennent des Pyrénées pour être modistes à Bordeaux ou simples servantes. Beaucoup de ces relations durent toute la vie du protecteur. Ce qu'il y a de cruel, c'est que les demoiselles n'ayant absolument aucune éducation, l'immense majorité par exemple ne sachant pas écrire, lorsque la beauté s'envole sur les ailes du temps, il ne reste qu'une conversation excessivement ennuyeuse [1].

1. *15 mars 1838.*
Le bon, l'excellent M. de Chev[erus] est mort de chagrin, des tours que lui jouait son clergé. On jetait des lettres anonymes par-dessus les murs de son jardin.
M. Donnet, homme froid et qui connaît le [monde], ne fait aucune attention à ces méchancetés subalternes.
La folie du chemin de fer éclate à Bordeaux comme ailleurs. Ils vont faire un chemin de fer de Bordeaux à la Tête de Buch et, le chemin fait, on sera bien embarrassé d'y faire passer quelque chose. Buch ne fournit que des *royans*, excellent petit poisson assez ressemblant aux sardines.
Le commerce languit à Bordeaux. Ce sont des maisons enrichies autrefois qui s'en occupent et se bornent en général à des affaires sûres.
L'amour règne à Bordeaux. Souvent une femme mariée quitte mari et enfants pour se faire enlever ; elle va à Paris avec son amant. Et là comment vit-elle ?
Les hommes vivent séparés des femmes, ce qui, dit-on, monte les imaginations. Si un homme allait trois fois en un mois dans la même maison, l'opinion crierait sur les toits qu'il fait la cour à la maîtresse de cette maison.
L'opinion n'est ni trop libérale, ni trop légitimiste. On se laisse conduire par la sagesse du gouvernement.
Bal, vendredi 15 mars.
Le commerce : 905.000 francs de lettres en 1837.
Les femmes sont encore à la mode à Bordeaux.
Le climat de Bordeaux fort inférieur à celui de Marseille. Temps pluvieux et désagréable par vent d'ouest encore aujourd'hui 16 mars.
Vins. — Ce n'est pas une petite chose que de connaître les vins de Bordeaux. J'aime cet art parce qu'il n'admet pas d'hypocrisie. On vous présente une bouteille de vin ; non seulement il faut nommer son crû, mais encore indiquer l'année où il a été récolté. Si l'on se trompe deux fois de suite, on vous ferme la bouche. Ch. a vendu une barrique de 2.000 bouteilles ..... et il a gagné 1.500 francs.
MM. les Curés viennent d'empêcher un bal de bienfaisance qui devait avoir lieu le 16 mars, en *prêchant contre le bal*

— Bordeaux, 7 avril.

Ce n'est pas précisément de l'amour que
j'ai pour Montesquieu, c'est de la vénéra-
tion ; il ne m'ennuie jamais en allongeant
ce que je comprends déjà. Je suis allé à
La Brède ce matin. En y arrivant j'ai été
saisi d'un respect d'enfant, comme jadis
en visitant Potsdam et touchant le chapeau
percé d'une balle de Frédéric II. Ce jour
de La Brède marquera dans ma vie ;
ordinairement la visite d'un palais de
roi ne m'inspire que l'envie de me moquer.

La terre de La Brède où Montesquieu
était né, mais qu'il mit en culture et augmenta, est située sur l'extrême bord des
terres cultivées, à droite de la route de
Bordeaux à Bazas et Bayonne. Un peu
plus loin, on entre dans ce vaste désert de

sans avoir fait auparavant la plus petite démarche auprès
des dames qui étaient à la tête de ce bal.

. . . .

Dans une époque où la France brillait par la pensée, en
1738 peut-être, la manière d'être de Bordeaux la rendrait
inférieure ; dans une époque d'ambition où l'hypocrisie
est utile dans toutes les carrières le caractère resté franc
du Bordelais lui aurait peut-être la première place en
France.

Chose plaisante et encore plus absurde que plaisante,
ce sont les hommes qui donnent cours à l'affreux *qu'en dira-
t-on* qui tyrannise Bordeaux et en chasse les agréments
de la vie. 13 avril.

sable nommé les Landes. C'est le pays le plus triste du monde ! l'eau y est couleur de café, comme la Sprée qui coule à Berlin et le sable est à peine couvert, de temps à autre, par des pins qu'on écorche pour avoir de la résine. Même quand il n'est pas écorché, ce pin est le plus vilain arbre du monde. Il n'a que le nom de commun avec le magnifique pin à tête ronde qui fait la gloire de la villa Ludovisi à Rome.

Une antique avenue, plantée par l'auteur de l'*Esprit des Lois*, conduisait au château où il est né ; on vient d'en faire de l'argent. Une centaine de pins de cette avenue subsiste encore ; c'est à l'endroit où l'on quitte l'affreux chemin vicinal venant du bourg de La Brède pour tourner à droite vers le château.

J'étais tout attention. J'ai aperçu un édifice sans façade à peu près rond, environné de fossés fort larges remplis d'une eau fort propre, mais couleur de café. Cette eau vient des Landes et les poissons ne peuvent y vivre. Cet aspect horriblement triste et sévère m'a rappelé le château où Armide retenait prisonniers les chevaliers chrétiens qu'elle avait amenés du camp des Croisés.

Ce château est élevé ; il a l'air très fort. Dans l'endroit le plus large, les fossés ont 70 pieds de large et 30 ou 35 dans le lieu

le plus étroit. L'eau est au niveau des bords
et les fossés ne sont point encaissés.

: Pour y entrer il faut passer trois ponts-
levis et l'on va d'un pont-levis à l'autre
entre deux bons murs percés de meurtrières. Aujourd'hui ces petits ponts sont
en bois et fixes. Après le premier, et
vis-à-vis la porte, on trouve une petite
île qui fait tête de pont ; on en a fait un
jardin grand comme la main ; elle est
défendue par trois tours rondes dont deux
au delà du fossé.

Les eaux sont retenues par une digue ;
en ruinant la digue on dessécherait les
fossés. Deux de ces tours défendent cette
digue si essentielle. Les murs du château
ne sont pas arrondis ; il forme un polygone
de 12 côtés peut-être. Au delà des fossés, il
y a une prairie et des terres à blé et
ensuite la forêt de chênes qui entoure
le château de toutes parts. Il triomphe
en occupant le centre de ce grand espace
vide. Après le troisième pont, on arrive
dans une cour de 12 pieds de large sur
vingt de long, ayant vue sur les fossés.
On passe pour y entrer dans une belle
tour ronde à mâchicoulis passablement
élégants. C'est tout ce qu'offre d'élégant
l'extérieur sévère de ce château sans
façade. On voit que la prudence en a percé
les fenêtres étroites.

On arrive donc dans cette petite cour
et on se trouve vis-à-vis [d']une porte
et de fenêtres à pointes en ogives. Une
petite servante disgracieuse, quoique non
laide, nous a introduits avec mauvaise
humeur dans une salle à manger boisée
en noyer, où tout a la forme de l'ogive,
même les fauteuils et les chaises. Il n'y
a pas de plafond mais un plancher bas et
singulier. De là, en passant à gauche, nous
sommes entrés dans un salon également
sombre, boisé en noyer et gothique. Mais
cette décoration n'a rien de grand ; c'est
du petit gothique mesquin comme la décoration en ogive des petits théâtres du boulevard. Ce salon est tapissé et bien tenu.
J'ai remarqué sur la boiserie les gravures
des ports de mer de Joseph Vernet. Ces
gravures maigres et écorchées font un
effet mesquin sur le sombre de la boiserie.
Comme la cheminée est gothique, haute et
sans miroir, pas mal, la pendule, moderne,
est juchée à gauche à la hauteur des
marines de Vernet. Au-dessus de la pendule
il y a deux portraits à l'huile qui font plaisir à l'œil, comme ne contrariant pas
la décoration générale. L'un de ces portraits, d'une bonne couleur, représente
une jolie femme qui a les paupières trop
grosses et les yeux un peu ronds comme
quelques figures de femmes de Sébastien

del Piombo. Elle est en Madeleine regardant un crucifix et la main sur une tête de mort dans l'ombre. L'autre portrait est un terrible guerrier qui fait la moue pour effrayer les enfants ; il porte le costume de la cour de Louis XIII. Ce salon, peu élevé et avec une seule fenêtre, est sombre, triste et prépare bien à la pièce voisine qui est la chambre à coucher de Montesquieu, à laquelle, nous dit la servante disgracieuse, on n'a rien changé.

Cette chambre montre l'extrême simplicité du grand homme qui avait compris les grands peintres d'Italie et pour lequel tout ornement bourgeois et mesquin faisait *laideur*. Cette chambre n'a qu'une seule fenêtre, à la vérité assez grande, et ouvrant au midi sur la partie la moins large du fossé qui a bien là 35 pieds. Elle est boisée en noyer d'une couleur point sombre et nullement majestueuse. Cette boiserie forme de petits panneaux carrés de deux pieds de côté.

Le lit à quatre colonnes est en damas vert bien fané. Montesquieu mourut à Paris en février 1755, peu de mois après y être arrivé de La Brède ; ainsi ce lit fut employé pour la dernière fois il y a 83 ans. La servante nous a répété qu'on n'avait rien changé absolument à l'ameublement de cette chambre. Le lit est soutenu par quatre colonnes fort grosses de noyer absolument sans ornements. Il n'y a pas de plafond, mais un plancher fort commun et peu élevé. La cheminée gothique est sans miroir. L'absence de miroir en cet endroit est une chose à laquelle je n'ai jamais pu m'accoutumer ; c'est pour moi le dernier degré du triste et du malheureux.

Vis-à-vis la cheminée, à quatre pieds de haut et à hauteur d'homme, est un miroir de deux pieds carrés dont les bords sont en biseaux et le cadre en glace de quatre ou cinq pouces de large ; cela devait être de bon goût en province vers 1738, il y a un siècle. C'est absolument le contraire du vilain genre joli de la cour de Louis XV.

Mais le jambage droit de cette cheminée gothique et dont le rebord est bien à 4 ou 5 pieds de haut, est usé par la pantoufle de Montesquieu qui avait coutume d'écrire là sur son genou. L'histoire de Bordeaux du bonhomme dom Devienne, imprimée à Bordeaux en 1771, c'est-à-dire seize ans après la mort du président, rapporte qu'il passa à la Brède les années 17** et 17** et qu'il y écrivit la *Grandeur et la Décadence des Romains*.

Nous ne pouvions nous détacher ni Mme S., ni moi, de cette chambre dont les progrès du luxe rendent l'aspect simple jusqu'à la pauvreté. A côté du lit est un gros médaillon faux bronze qui me semble une mauvaise copie de la médaille de Dassier. Il y a un buste en terre cuite près de la fenêtre de la salle, qui a les yeux éveillés et ressemble à Montesquieu. La servante grognon nous a dit que c'était un ami de Montesquieu. Il me semble que le propriétaire de La Brède pourrait y placer une servante cicerone, dont les gages seraient payés par les curieux. La servante revêche nous a dit que presque tous les jours, en été, il vient des curieux. On pourrait confier à la servante cicerone un des volumes de la bibliothèque de Montesquieu annoté de sa main. La réception que nous trouvons à La Brède me rappelle qu'on était jadis positivement mal reçu à Ferney par les ordres du Genevois qui a acheté le château de Voltaire. De tels successeurs habitant ces lieux célèbres sont utiles à la gloire des grands hommes qui leur ont fait un nom ; le voisinage du vulgaire fait contraste.

Sur la table, au milieu de la chambre de Montesquieu, il y a un registre pour les noms des curieux ; phrases stupides et fautes d'orthographe comme au Brocken (Harz) et à Weimar, mais pas de noms connus.

Près du lit est un portrait, horriblement
mal fait, d'une femme assez jolie ; la physionomie a une expression de douceur ; on
dit que c'est une des maîtresses de Montesquieu. J'ai eu tort de ne pas copier
le nom qui est à la partie supérieure du
portrait, suivant le bon usage du
xviie siècle. Mais j'étais un peu ému, je
l'avoue, et, dans ce cas, la rêverie est si
douce que tout soin manuel coûte infiniment.

Près de la fenêtre est un exécrable dessin
d'une statue de Montesquieu qui est à la
cour royale de Bordeaux et que je n'ai pu
encore me déterminer à aller voir ; c'est
sans doute un pamphlet contre ce grand
homme.

La servante nous a fait passer à la bibliothèque, pièce immense et aussi simple
que la chambre. La voûte, en plein cintre,
est recouverte de planches peintes d'une
couleur claire. La pièce peut avoir 50
pieds de long et 20 de largeur. Les livres
sont dans des armoires vitrées fort petites
et il me semble qu'il y a encore un gril-
lage en fil de fer sous les vitres triangulaires
et carrées, selon les formes singulières des
volets qui ferment ces armoires. Les
reliures sont simples et, ce me semble,
fort postérieures au siècle de Montesquieu.
J'ai remarqué des éditions in-4º de la

plupart des bons auteurs romains et grecs.

Mais la servante nous disait en grognant : *Je suis attendue.* Un domestique était venu lui dire qu'on la demandait, pour tâcher de s'approprier l'étrenne. Au-dessus de celle des fenêtres de la bibliothèque qui est la plus voisine de la porte d'entrée, on voit des portraits de famille exécrables ; on les a placés à contre-jour et l'on a bien fait. Parmi les portraits sont deux médailles en plâtre avec barbes et cheveux enluminés qui peuvent coûter quatre sous pièce et me semblent bien postérieures à Montesquieu.

Comme je fuis, à l'égal de la peste, le contact des littérateurs et savants de province, il est possible que je manque de voir à Bordeaux quelque portrait contemporain de Montesquieu. Il occupait une place décisive : il fut célèbre de bonne heure ; le siècle abondait en peintres de portraits; il est très probable qu'un homme mieux placé que moi dans le monde en trouverait. Toutes les charges que je vois à la tête des éditions de Montesquieu que j'ai, toutes sont de très mauvaises copies de la médaille de Dassier.

Malgré la mauvaise mine de la servante, nous quittâmes lentement ces trois pièces honorées par la présence d'un grand homme. Le salon a une charge de M. Lainé avec

tous ses titres. Rien ne rapetisse autant
un mort, surtout après que la monarchie
qui avait inventé ces titres, par exemple
celui de *Ministre d'état*, a été chassée.

Délivrés de la servante, nous faisons
lentement le tour de ce château singulier
(dodécagone et sans façade). L'eau-café
des fossés à fleur de terre est agitée par
le vent. Nous revenons à pied à La Brède.
Les rues sont larges, irrégulières, mais les
maisons belles, blanches et bâties en pierres
de taille comme Bordeaux et tous les environs. Je vois *bière* écrit sur la porte d'un
café ; il n'y a point de bière, mais nous
trouvons des gens fort polis, et, comme je
parlais de l'architecture singulière de deux
portes, la maîtresse de la maison me dit :
« Ceci, Monsieur, appartenait aux Tem-
pliers. » L'architecture me semble de la
Renaissance.

Je vais à l'église, intéressante pour moi
à cause d'une anecdote de Montesquieu.
La porte, fort jolie, a huit ou dix arcades
en plein cintre appliquées contre le mur.
L'abside est également entourée de petites
colonnes appliquées contre le mur soutenant des pleins cintres : donc église
romane, réparée ou achevée sous le règne
du gothique.

Montesquieu avait porté un livre à la
messe ; il l'oublia ; on le porta au curé

qui le prit pour un livre de magie ; il y
avait, au milieu des pages, des triangles,
des cercles, des carrés, en un mot, c'étaient
les éléments d'Euclide.

Oserai-je raconter l'anecdote que l'on
m'a contée en prenant le frais à l'ombre
du mur du cimetière dans une pièce de
luzerne d'une verdeur charmante ? Pourquoi pas ? Je suis déjà déshonoré comme
disant des vérités qui choquent la mode de
1838 :

Le curé n'était point vieux ; la servante
était jolie ; on jasait, ce qui n'empêchait
point un jeune homme d'un village voisin
de faire la cour à la servante. Un jour,
il cache les pincettes de la cheminée de
la cuisine dans le lit de la servante. Quand
il revint huit jours après, la servante lui
dit : — « Allons, dites-moi où vous avez mis
mes pincettes que j'ai cherchées partout
depuis votre départ. C'est là une bien
mauvaise plaisanterie. »

L'amant l'embrassa, les larmes aux
yeux, et s'éloigna.

Nous ne sommes rentrés à Bordeaux
qu'à huit heures, au retour de La Brède.
On avait reçu des nouvelles agréables de
la Martinique ; nous sommes allés féliciter
M. G. au sortir de table. Je me suis pris
d'une affection réelle pour Mme G. Outre
qu'elle a infiniment d'esprit et un courage

singulier, — elle ne brave point le danger:
le danger n'existe pas pour elle, — il est
impossible d'avoir un naturel plus pur de
toute affectation.

J'ai trouvé chez elle deux hommes d'esprit, nés à Bordeaux peu après la mort de
Montesquieu. L'illustre président donnait
même le titre de cousin à l'un d'eux qui
conserve précieusement l'exemplaire de
l'*Esprit des Lois* que Montesquieu envoya
à son père. Il porte la date de Leyde chez les
Libraires associés, 1749. Le titre porte huit
lignes d'explications assez inutiles après la
réputation du livre, mais qu'il fallait au
moins donner en note par respect pour
l'auteur qui, en 1748, les jugea nécessaires.
Il paraît que cette édition est la seconde,
car, à la fin du premier volume, (les
deux volumes sont reliés en un tome dans
les exemplaires donnés par l'auteur) il
y a un *errata* d'une page annonçant les
changements faits par l'auteur sur l'édition précédente imprimée à Genève. Le
premier changement est *le ciel* au lieu
de *les dieux*, quatrième ligne de la préface ;
Dieu, deux lignes plus haut.

Par bonté pour ma curiosité, on a
parlé de Montesquieu, dont le fils s'appelait M. de Secondat, fort brave homme,
fort différent de son père, mais qui, à
défaut de la bosse du génie, avait celle de

l'acquisition ; n'est-ce pas le mot ? Dès qu'il voyait de beaux fruits ou une jolie bagatelle, M. de Secondat ne pouvait résister à l'envie de s'en emparer, mais le valet qui le suivait avait ordre de tout payer.

Les trois jolis petits garçons que nous avons vus ce matin à La Brède et qui portent le nom de Montesquieu, ne descendent du grand homme que par les femmes tout au plus.

Parmi les portraits de famille qui entourent la principale fenêtre de la bibliothèque, nous avons trouvé plusieurs portraits de famille placés à contre-jour et l'on a bien fait de les placer ainsi. Une vieille dame fort sèche, de race ibère, tient à la main une lettre sur laquelle j'ai lu la date : Agen, 23 septembre 1723. La famille de Montesquieu était originaire de l'Agenais. Mme G. nous a dit que Montesquieu maria une fille à lui, d'infiniment d'esprit, à un cousin peu aimable qu'il fit venir d'Agen pour continuer le nom. Montesquieu eut un fils, et, par égard pour le sacrifice qu'il avait imposé à sa fille, il ne lui fit pas porter le nom de Montesquieu. Le second des beaux enfants auxquels nous avons adressé la parole, ce matin, sur le perron intérieur du château, vis-à-vis le passage qui conduit aux trois ponts-levis, nous a fait une réponse pleine d'esprit et de bon sens. Il faudrait l'envoyer à Paris dans un collège ; il rencontrerait la gloire de son aïeul et *noblesse oblige.*

Ces messieurs, presque contemporains de Montesquieu, nous encouragent à leur faire des questions : je rapporterai de pures bagatelles.

1º Montesquieu parlait science avec trois ou quatre collègues dans la salle de l'Académie de Bordeaux ; on [se] promenait, et, à chaque tour, on s'approchait de la fenêtre sur laquelle était un vase d'œillets. Ce vase était vivement échauffé par le soleil. Montesquieu le tourne sans qu'on s'en aperçoive, puis, au tour suivant, s'écrie : « Voici qui est bien singulier, Messieurs ; les plus grandes découvertes tiennent souvent à une observation donnée par le hasard. Le côté de ce vase d'œillets qui est à l'ombre est bouillant et le côté exposé au soleil est froid. »

Les savants de province prennent la chose au sérieux ; on discute et, qui plus est, on explique. Montesquieu, effrayé pour leur amour-propre, se hâte d'avouer la plaisanterie.

2º Il courait la ville un jour avec Mme de Montesquieu, femme excellente, pleine de sens et qui avait toute son

estime. Il lui dit : « Nous voici à la porte
de Mme de... ; je vais monter ; attendez-
moi un instant. » Il ne descendit qu'au
bout de trois heures ; il avait entièrement
oublié sa femme ; c'était une distraction et
non pas un mauvais procédé. Le fâcheux
c'est que la dame chez laquelle il était
monté passait pour être sa maîtresse.

3° Montesquieu était fort distrait. Allant
voir sa cousine, la grand'mère de M. G.,
il se trouve que cette dame venait de faire
arranger son appartement et on avait établi des marches à monter et à descendre à
l'entrée de chaque chambre. Le président
avait la vue mauvaise et de plus était
fort distrait : « Ah ! ma cousine, lui dit-il,
vous avez fait arranger votre appartement en *ut ré mi fa sol* et je me casse le
cou. »

4° Montesquieu passa, comme on sait,
deux années en Angleterre, puis il vint
s'éterniser à La Brède. Mes amis de
Bordeaux pensent qu'il pouvait avoir
douze ou quinze mille livres de rente
(ce qui rend plus méritoire l'anecdote
Robert de Marseille[1]). Quand il était

---

1. M. Louis Royer rappelle cette anecdote. Montesquieu de passage à Marseille avait été conduit par un
batelier dont le père était esclave à Tétouan. Montesquieu
donna des ordres à son banquier et parvint à le faire délivrer
sans que personne ne le sût. Plusieurs pièces de théâtre
avaient repris ce thème. N. D. L. E.

absent, il n'écrivait à Mme de Montesquieu
que pour demander de l'argent ; quelquefois un an s'écoulait sans qu'il écrivît.
Quand enfin une lettre arrivait, Mme de
Montesquieu soupirait. En mourant, il
dit à ses enfants : « Mes amis, si vous avez
quelque chose, vous le devez à Mme de
Montesquieu. »

5° Montesquieu n'avait pas de fils ;
il avait une fille pleine d'esprit ; il la
força en quelque sorte à épouser un cousin
portant le nom de Montesquieu, qu'il
fit venir d'Agen ou des environs. La fille
se soumet ; Mme de Montesquieu lui donne
un fils, mais par égard pour le sacrifice
qu'il avait demandé à sa fille, il ne lui
fit pas porter le nom de sa baronnie ;
on l'appela M. de Secondat. Ce brave
homme n'eut rien de son père que son
extrême distraction. En se promenant
au marché il s'emparait de tous les beaux
fruits qu'il rencontrait et les mangeait
sans songer à les payer, mais son domestique qui le suivait avait ordre de tout
payer. Il paraît même que M. de Secondat
s'emparait aussi de tous les petits objets
qui frappaient sa vue agréablement.

Un M. Latapie avait vécu depuis son
bas âge dans la maison de Montesquieu
et avait été son secrétaire. On me dit
qu'avant de mourir il a donné aux édi-

teurs des œuvres du grand homme quelques bribes insignifiantes, par exemple *Arsace et Isménie*. Ce M. Latapie, après la mort de Montesquieu, fut professeur de botanique et de grec.

— Bordeaux, 9 avril.

Concert de S. Thalberg.

La grande règle de Paris : *faire autrement qu'on ne s'y attend*, et, dès qu'on parle de la fin du monde, du commencement de la race humaine et autres objets incompréhensibles, dire autrement que Voltaire, n'a pas encore pénétré à Bordeaux. Réellement, chose que j'ose à peine écrire et dont, peut-être, je serais détrompé par un plus long séjour, réellement il y a de la bonhomie et du naturel à Bordeaux. Remarquez que ce naturel est celui d'un *être* qui avant tout compte sur soi et aime à parler des belles choses qu'il a faites. Ceci est d'instinct, ce me semble, de Bordeaux à Perpignan.

Histoire de Bordeaux [1]. — Je n'attache guère d'importance, je l'avoue, à ce qu'on

1. *Dom Devienne* imprimé en 1771.
[11 et 12 avril 1838, écrit à Bordeaux. Beau soleil : jour d'été, enfin. — Toutes les histoires écrites sous Louis XIV sont foncièrement menteuses. Un homme qui porte le même

a dit de l'histoire du Moyen-Age. Je ne
vois de certitude que pour les faits principaux et ces faits manquent de physionomie ; les peintres qui nous les ont
transmis n'avaient pas le talent de rendre
les physionomies et d'ailleurs ne les
voyaient pas. Le moine d'un couvent, ne
songeant qu'à avoir une cellule bien
chaude pour l'hiver et de bonnes provi-
sions, appelle fainéant le roi qui n'a pas
fondé de couvent. Les écrivains, qui, plus
tard, se sont occupés de ces temps ont
menti, sous Louis XIV pour plaire au roi,
ou ne pas aller à la Bastille comme Fréret.
Cet homme eût été capable de voir ou de
dire la vérité ; mais, au sortir de la Bastille,
il se jura qu'on ne l'y prendrait plus et
se voua à l'Egypte.

Les écrivains qui lui ont succédé n'ont
pas son talent et se vendent à l'espoir
de plaire à la bonne compagnie et à l'Académie et, d'ailleurs, la plupart ne voient
pas la vérité. Aussi leur bonne intention
de mentir est en pure perte. La physionomie de l'histoire de France ne commence qu'avec les charmants mémoires
publiés par cet ignare de Monsieur Petitot.

titre que le roi, fût-ce au Monomotapa, ne peut avoir aucun
tort. — Ausone : un rhéteur académique et imbécile,
bien digne d'être nommé précepteur d'un empereur romain
chrétien.]

M. *** de Bordeaux a eu la patience de recueillir tout ce qui regarde sa ville.

Ausone, rhéteur nigaud, né auprès de Bordeaux, fournit dans ses vers quelques idées vagues pour la description de *Burdigala*.

Pendant les deux siècles qui précèdent la réunion définitive de Bordeaux à la France, opérée en 1451, par le traité de Charles VII, cette ville était gouvernée à l'anglaise c'est-à-dire un peu comme nous le sommes depuis 1815. Le peuple assemblé était consulté sur toutes les affaires essentielles et, souvent, il était d'un avis différent de celui du prince.

Pendant 11 ans, de *** à ***, Bordeaux eut pour roi le grand homme qui habitait dans ses murs.

En s'unissant à la France, Bordeaux tomba dans une monarchie absolue, où le favori décidait despotiquement de tout ; de là ses fréquentes révoltes. Aucun des nigauds vendus qui ont écrit son histoire n'ont vu ce grand fait.

Il était naturel que Montaigne et Montesquieu naquissent dans ce pays qui, du gouvernement raisonnable, était tombé dans le *favoritisme*, et s'en irritait d'autant plus qu'il ne voyait pas nettement son cas. Les esprits à Bordeaux n'étaient pas avilis par *l'habitude de la servilité* ; on avait vu la tête de Duretête exposée sur

une des portes de la ville. Pendant toute
l'année précédente il avait été adoré du
peuple de Bordeaux et avait tout mené
dans la ville. Le maître qui régnait à Paris
ne pouvait pas pardonner à ce maître
qui régnait à Bordeaux. Le 17 janvier
1676, Louis XIV donna l'ordre pour la
*démolition entière du clocher de la paroisse
Saint-Michel* considéré alors comme le
plus beau *monument* de la ville et où se
trouve aujourd'hui le télégraphe.

En 412, les Wisigoths parurent dans les
Gaules et s'emparèrent de Bordeaux ;
ils étaient ariens et suivant l'esprit de la
religion chrétienne, en cela différente du
paganisme, ils pendirent tous les chrétiens qui ne pensaient pas comme eux.
L'évêque de Bordeaux périt ainsi en 474.
Les Wisigoths découvraient les églises
des catholiques, hérétiques à leurs yeux,
enlevaient les portes et faisaient paître
leurs bestiaux autour des autels. Après un
siècle, Clovis succéda aux Wisigoths, et,
après la bataille de Vouillé, passa l'hiver
à Bordeaux.

Charlemagne fit ensevelir à Bordeaux et
faire des obsèques magnifiques aux princes
et seigneurs francs qui avaient péri à
Roncevaux, mais Roland fut enseveli à
Blaye avec Turpin si souvent et si grave-
ment cité par l'Arioste.

Vers 850, les Normands détruisirent Bordeaux qui leur avait été livré par les Juifs qui voulaient se venger d'outrages atroces. Quand ces terribles Normands eurent obtenu la Neustrie en 911, les Bordelais osèrent songer à rebâtir leur ville qui fut bien moins belle que l'ancienne ville bâtie par les Romains.

Guillaume, dernier duc d'Aquitaine, servit de jouet à saint Bernard qui, la sainte hostie à la main, le magnétisa au milieu de la messe :

« Le duc, frappé comme d'un coup de foudre, tombe sans connaissance[1]... Saint Bernard s'approche, le pousse du pied et lui ordonne d'exécuter la sentence que Dieu va prononcer par sa bouche. » (Il s'agissait d'un évêque chassé par ce pauvre diable de Guillaume.) Il n'avait pas assez repris ses sens pour pouvoir répondre à saint Bernard qui lui donna pour pénitence d'aller à Saint-Jacques. Avant de partir, il institua pour héritière l'aînée de ses filles, Aliénor, et la destina pour épouse à Louis le Jeune, couronné roi de France. Le pauvre Guillaume mourut en allant à Saint-Jacques. Louis le Jeune fut marié dans l'église de Saint-André.

1. *Histoire de Bordeaux* par dom Devienne, bonhomme non menteur, p. 22.

Louis était jaloux, Aliénor coquette ; la mésintelligence commença en Palestine où cette princesse aimable avait voulu suivre son mari. Le fameux Saladin fit prisonnier Sandebeuil de Sansai que la reine aimait tendrement. Aliénor écrivit au sultan pour lui demander sa rançon ; une somme considérable partit en même temps que la lettre. Saladin méritait l'énorme célébrité que les romans lui ont donnée : il renvoya à Antioche la somme et le prisonnier. Louis le Jeune se figura qu'il était amoureux d'Aliénor. Cette princesse, ennuyée d'un tel mari, lui proposa la dissolution de leur mariage, sous prétexte de parenté. Louis le Jeune se persuadait que Saladin entrait déguisé dans Antioche et voyait la reine en secret.

Les époux revinrent en France. Le fameux Suger, abbé de Saint-Denis et régent du royaume en l'absence du roi, vit le danger de ce divorce et parvint d'abord à l'empêcher. Mais Henri, comte d'Anjou et héritier présomptif de la couronne d'Angleterre, vint à la cour de France et fit la cour à la reine. Elle lui dit qu'elle avait remarqué les sentiments qu'il avait pour elle, mais qu'il fallait en dérober avec soin la connaissance jusqu'à ce qu'ils pussent paraître avec bienséance, qu'il fallait qu'il se retirât dans l'Anjou où

il ne tarderait pas à recevoir de ses nouvelles. Henri prit congé du roi le jour
même et partit dès le lendemain. Le
sage Suger mourut ; Aliénor parla de nouveau de divorce. Le roi imbécile écrivit
au pape et obtint la permission de convo-
quer un concile. Devant le concile de
Beaugency, Aliénor dit que *son intention
avait été d'épouser un roi, non un moine.*
Les évêques prononcèrent la sentence de
divorce. La Guyenne fut restituée à
Aliénor, et, six semaines après, elle épousa
le comte d'Anjou dans Bordeaux qui
devint anglais pour trois siècles. Saint-
André et toutes les autres belles églises
ont été bâties par les Anglais, et, ce qui
est d'une bien autre importance, Bordeaux a entrevu la liberté de 11** à
1451.

Sous les Anglais, Bordeaux fut l'heureuse capitale d'un Etat composé de la
Saintonge, de l'Agenois, du Quercy, du
Périgord et du Limousin. Henri, l'époux
d'Aliénor, joignit à ces provinces, en 1161,
la Normandie, le Maine, la Touraine, le
Poitou. Il était aussi puissant en France
que le roi de France. Trois siècles de guerre
réduisirent les Anglais à Bordeaux et enfin
Bordeaux traita avec Charles VII et se
rendit à la France. Ces guerres, comme on
sait, ont trouvé un historien admirable

dans Froissart et, avant lui, Mathieu Paris est passable. Rien n'est plus amusant ; presque à chaque instant, on voit la valeur individuelle de l'homme. Ces guerres ne sont pas comme celles qui ont précédé notre immortelle révolution ; le cœur trouve à qui s'attacher. Henri donna Bordeaux à son fils qui ne fut rien moins que Richard Cœur-de-Lion.

Aliénor, jalouse à son tour, tua Rosemonde, maîtresse de son mari et enfin celui-ci la mit en prison. Richard délivra sa mère en montant sur le trône.

Le 13 juillet 1235, la municipalité de Bordeaux fut établie avec de grands pouvoirs et *l'on vit renaître le nom de citoyens.* La guerre entre la France et l'Angleterre était presque continuelle, ce qui forçait heureusement les rois d'Angleterre à ménager Bordeaux. Henri III d'Angleterre passa un an à Bordeaux et y fit une dépense excessive ; il donnait les fêtes les plus brillantes à sa maîtresse la belle comtesse de Biarde, dont il était passionnément épris.

Les rois d'Angleterre étaient réduits a la possession des plaines de sable et de vignes situées sur la rive gauche de la Garonne. Par scrupule de conscience, saint Louis leur rendit le Limousin, le Périgord, le Quercy et l'Agenois. Voilà certes un dévot que l'on ne peut pas accuser d'hypocrisie.

Enfin, nous voici arrivés à Edouard, prince de Galles, plus connu sous le nom de Prince Noir. Son règne fut la gloire et le bonheur de Bordeaux. Edouard III, son père, l'envoya à Bordeaux. Il alla ravager le Languedoc, profitant, avec le flegme anglais, de la jalousie des généraux français qui commandaient les troupes nombreuses que le roi Jean avait en cette province. Le Prince Noir, ainsi nommé de la couleur de ses armes, revint à Bordeaux, chargé d'un immense butin.

Que dire de ce grand homme ?

Comment se borner ? La bataille de Maupertuis et de Poitiers, avant laquelle le prince ne pouvait concevoir la plus légère espérance, est intéressante comme un roman et bien plus qu'un roman, si le lecteur a plus de trente ans. Il faut la lire dans Froissart (tome I). Les circonstances et discours qui précèdent la bataille sont admirables.

Le roi Jean, prisonnier, s'était battu avec un rare courage, tandis que le Dauphin prenait la fuite ; il fut amené à Bordeaux et logé au palais gothique de Saint-André, si gauchement remplacé en 177* par le plat bâtiment où est aujourd'hui la mairie.

La Guyenne fut érigée en principauté en faveur du Prince Noir. Il régna sur le Poitou, la Saintonge, le Périgord, l'Agenois, le Limousin, le Quercy, l'Angoumois, le Rouergue, etc...

Pendant les onze années que ce grand homme passa à Bordeaux, il vécut avec toute la magnificence d'un souverain. Ses dialogues avec Duguesclin qu'il avait fait prisonnier à la bataille de Navarette seraient dignes, par la générosité et la grandeur, d'un roman écrit par le grand Corneille.

Quel dommage de n'avoir pas de place pour l'entreprise incroyable de Henry de Transtamarre qui, déguisé en pèlerin, ose pénétrer dans la prison de Duguesclin pour lui demander un conseil, et est sauvé par celui-ci de la vigilance du geôlier qui l'avait presque découvert.

[Jeanne], femme du Prince Noir, rivalisa de générosité avec son mari. Duguesclin, à qui elle donna 30.000 écus pour sa rançon, se jetait à ses pieds et lui adressait les paroles si connues :

« J'avais toujours cru jusqu'à présent, Madame, être le plus laid chevalier qu'il y eût en France, mais désormais j'aurai meilleure opinion de ma personne, puisque les dames me font des présents d'une si grande conséquence. »

Les guerres héroïques du Prince de Galles ayant épuisé son trésor, il voulut mettre un impôt sur toute la principauté. Comme il ne le pouvait sans le consentement des états, il les convoqua à Angoulême. Ces états examinaient les abus et *l'on n'accordait la demande du Prince qu'après qu'il avait satisfait aux plaintes de l'assemblée.* Edouard approuva les plans de réforme qui lui furent présentés et les états lui accordèrent la permission de lever dix sous par feu dans toute la principauté d'Aquitaine.

Ainsi, dès l'an***, voilà tout le sud-ouest de la France parvenu au gouvernement raisonnable et ayant un grand homme pour roi. Heureuse la France si elle eût pu s'en tenir là !

Le fils aîné du Prince de Galles mourut à Bordeaux. Il prit cette perte à cœur ; elle redoubla ses dispositions à l'hydropisie qu'il avait contractées en Espagne lors de la bataille de Navarette ; il passa en Angleterre, se démit de sa principauté d'Aquitaine entre les mains de son père et mourut à 46 ans. L'an passé, j'ai vu sa cotte d'armes, parsemée de fleurs de lis noirs en fer de lances sur son tombeau, à Cantorbéry.

Après la mort de ce héros si modeste, si généreux, si grand et qui semble dénoter

les vertus d'un autre âge, l'histoire de
Bordeaux fait pitié. En 1379, Bordeaux,
comme une vraie république, se confédéra
avec les villes voisines pour se défendre
contre les Français. La confédération
était composée de Blaye, Libourne, Saint-
Emilion, Cadillac, Rions, etc...

Le dernier jour d'octobre 1450, le
seigneur d'Orval sortit de Bazas avec cinq
ou six cents hommes pour faire une course
aux environs de Bordeaux. Ce que nous
appelons aujourd'hui la garde nationale
de Bordeaux sortit contre lui le lendemain
de la Toussaint. Cette troupe de près de
dix mille hommes, remplis de bravoure,
mais sans expérience, était commandée
par le maire et le sous-maire. Cette garde
nationale, se fiant dans son enthousiasme,
ne gardait aucun ordre. D'Orval la sur-
prit, la battit, et lui tua dix-huit cents
hommes.

En juin 1451, Bordeaux traita avec le
roi Charles VII. Les ambassadeurs du
roi furent le célèbre Dunois, Poton de
Saintrailles, ces héros de la guerre de la
Pucelle ; on distingue parmi les ambas-
sades des Bordelais le seigneur de La Brède
(la terre de Montesquieu).

Par ce traité, le roi absolu promet
toutes sortes de belles choses et notamment de ne point mettre d'imposition

nouvelle. Plus tard, Bordeaux se révolta ;
Louis XI vint à Bordeaux en 1461, et,
en homme de sens, confirma le fameux
traité du 12 juin 1451. Mais quels moyens
avaient les Bordelais d'en faire exécuter
les conditions ? Louis XI avait donné
le duché de Guyenne à Charles, son frère.
Ce prince soupait un jour avec la comtesse
de Monsoreau, sa maîtresse, et l'abbé de
Saint-Jean-d'Angély, son confesseur et
son favori. Le confesseur offrit une très
belle pêche à Mme de Monsoreau ; elle
l'accepta et en donna la moitié à son
amant. La dame mourut après. La
violence du poison fit tomber les cheveux
et les ongles au duc ; il mourut enfin, au
château du Ha, en mai 1470, et fut enterré
à Saint-André.

Bordeaux se dépeuplait rapidement,
depuis qu'elle appartenait à la France.
Enfin, en 1480, on cessa de gêner son
commerce de vin avec les Anglais.

Nous voici arrivés à la fameuse révolte
de Bordeaux sous Henri II. Ce prince
augmenta un impôt sur le sel en contravention avec le fameux traité de 1451.

Le 11 octobre 1548 les Bordelais se
révoltèrent. Moneins, lieutenant du roi
dans la province, fut tué. La municipalité qui avait eu grand peur se conduisit
bien. En brave citoyen, le président La

Chassaigne, parent de la femme de Montaigne, se conduisit encore mieux et peu s'en fallut, lorsque le peuple ne fut plus en colère, que le connétable de Montmorency, chargé des vengeances du roi, ne lui fit couper la tête.

Le connétable commença par faire pendre cent cinquante personnes. Un des chefs de la révolte fut brûlé vif, plusieurs eurent la tête tranchée pour n'avoir pas fait la chose impossible, c'est-à-dire vaincre le peuple pendant qu'il était uni et en colère. Le *jurat* Lestonat eut la tête tranchée. La femme de ce Lestonat, qui était d'une rare beauté, se jeta aux pieds du connétable ; elle fit plus et, pendant qu'elle cédait, le connétable faisait couper la tête à son mari[1]. Le connétable fit jeter dans un bûcher les titres et les privilèges de la ville.

Les Bordelais, accoutumés au gouvernement anglais, sentirent vivement la perte de leurs privilèges.

La révolte de Bordeaux est de 1548. Michel Eyquem de Montaigne naquit au château de Montaigne, à quelques lieues de Bordeaux, le dernier jour de février 1533. Son père était alors maire de Bordeaux. On peut se figurer de quels propos

---

1. La Faille : Annales de Toulouse.

peu monarchiques fut entourée la jeunesse de cet homme rare qui sut *réfléchir l'habitude*, chose si rare en France.

Il publia la première édition des Essais en 15**. Il était à Venise en 1581, où il apprit qu'il était nommé maire de Bordeaux. C'était une place importante dans une ville gangrenée d'idées de droit et du contrat *bilatéral* avec son roi. Montaigne quitta la mairie en 1585 et mourut en 1592, ne laissant qu'une fille. Le château de Montaigne est possédé par les descendants de Mlle de Montaigne.

Je sens bien que les pages que j'ai données à l'histoire de Bordeaux, une des plus intéressantes que je connaisse, sont cependant un hors-d'œuvre. Bordeaux fit longtemps la guerre à Louis XIV enfant. Je ne trouve de remarquable dans cette guerre que l'histoire de Duretête, le chef des Bordelais. On traita de la paix générale. Gourville, cet homme adroit, prêta le traité au cardinal Mazarin. « On aurait dû excepter de l'amnistie, dit le cardinal, Duretête et les principaux chefs. »

« Il est encore temps, dit Gourville ; il n'y a qu'à faire deux copies de l'amnistie : l'une conforme à ce qui a été convenu à Bordeaux, l'autre avec les exceptions ordonnées par votre Eminence. Je présenterai la seconde aux Bordelais. Si absolument ils ne veulent pas s'en contenter, je maintiendrai la première. »

Gourville, de retour à Bordeaux, trouva que le peuple ne voulait plus entendre parler de guerre, à quelque prix que ce fût. Ainsi Duretête fut pris et exécuté. Voici les paroles du bénédictin, historien de la ville, mais payé par la municipalité, et non par la cour et ne songeant pas à l'Académie :

« Ce misérable avait fait d'abord le métier de boucher et ensuite celui de solliciteur de procès. Son esprit audacieux l'avait rendu plus puissant dans Bordeaux que le prince de Conti lui-même. Naturellement généreux, il ne mit point à profit *les voies que la fortune lui présentait pour s'enrichir.* Le peuple, qui naguère adorait toutes ses volontés et qui avait exécuté tous ses ordres à la lettre pendant une année entière, le vit tranquillement mener au supplice. Il poussa même son ingratitude et son inconstance au point d'insulter à son malheur. On dit que Duretête fut plus sensible à ce trait qu'aux vives douleurs qu'il ressentit dans ses derniers instants. »

DAX, [15 avril][1].

A Dax, la promenade est sur les remparts et fort jolie. Mais ces remparts donnent occasion au génie militaire de tyranniser cette pauvre petite ville. Qui croirait que Dax est une forteresse de second ordre ? Qui pourrait s'imaginer que, dans l'état d'amitié entre peuples et de peur du *K[ing]* qui font le caractère de l'année 1838, Dax, à trente lieues de la frontière et de la frontière d'Espagne, pays occupé à faire son éducation politique, on vexe les gens, qui, les soirs d'été, à Dax, veulent se promener.

Par une bizarrerie de vanité qui exigerait deux pages pour être montrée aux étrangers et aux Français qui ne veulent pas comprendre, les dames de Dax se plaignent de ne pas avoir de réunions qui amusent un peu leur vie, les hivers, et quand on leur offre des bals, sous le plus léger prétexte, leur vanité refuse. Histoire de ce bal le mercredi, par un temps si

---

1. Tout ceci a été écrit par la pluie et dans le malaise de mauvaises auberges où je souffrais du froid. Bérar avait exagéré la bonté des auberges du midi.

Je comptais récrire tout ceci quand je trouverais de la chaleur et du bien-être. Trouvant cela à Marseille, j'ai couru au lieu de rédiger tout ce paquet. La moitié des faits à noter sont omis. En garderai-je le souvenir ?

froid. Par suite de je ne sais quelle bizarrerie de vanité, il n'y eut que huit dan-
seurs et une *tapisserie*, comme on dit
dans le pays, mais on dansa jusqu'à huit
heures du matin. L'Adour qu'on passe à
Dax sur un pont de bois est déjà une
rivière fort respectable. Notre diligence,
une des moins lourdes (74 quintaux),
faisait profondément frémir ce pont.

BAYONNE, lundi 16 avril.

Arrivé de Bordeaux à 9 heures du
matin.

Bayonne semble une fort jolie petite
ville au moment où on l'aperçoit de la
plaine élevée, sablonneuse et couverte de
pins que l'on parcourt depuis Dax. Ses
ponts, ses rivières, les mâts de ses huit
ou dix bâtiments, les arbres qui se mêlent
à tout cela, produisent un effet agréable.

Comme il convient à une ville de guerre,
Bayonne est resserrée. On sent que le terrain est précieux ; on trouve des rues
étroites et des maisons de quatre étages,
par conséquent nullement l'air village,
comme Reims ou Dijon. Mais si tout est
raisonnable dans Bayonne et assez bien
calculé pour le *confort*, rien n'y est pitto-
resque ; on voit de toutes parts les petites

vitres du siècle de Louis XIV. Une maison neuve, que l'on vient de bâtir en pierres de taille, près de l'ancien château, est de l'architecture la plus plate. La cathédrale est ce que les Italiens appelleraient *ragionevole* ; assez grande et assez belle ; elle est gothique et à trois nefs. Les vitraux de la grande nef, beaucoup plus élevée que les deux autres, sont, ce me semble, ce que l'on est convenu d'appeler beaux : les petits morceaux de vitres ont des couleurs très vives. Heureusement le maître-autel n'a point de baldaquin, ce qui lui donne, suivant moi, une noble simplicité. Mais les piliers en bottes d'asperges qui avoisinent le chœur sont soigneusement boisés.

Il y avait aujourd'hui, seconde fête du pays, beaucoup de belles dames à figures espagnoles (beaux sourcils, nez hardiment dessiné, quoique pas trop grand, plein de physionomie, peu de chair dans la figure ; le contraire absolument de la figure allemande), mais, malgré mon respect pour cet ensemble de traits, je n'ai rencontré qu'une jeune fille décidément jolie. Les petites bourgeoises et les femmes du peuple portent, comme à Bordeaux, un mouchoir sur la tête, ce qui n'est pas sans grâce ; un angle de ce mouchoir, long de huit à dix pouces, est laissé en liberté.

Comme il pleuvait de dix heures à midi, beaucoup d'hommes se promenaient dans le cloître qui touche à l'église ; il est sérieux et noble ; c'est la seule chose ici qui m'ait donné cette sensation.

Beaucoup de rues de Bayonne sont pavées en petites pierres pointues comme Lyon, mais elle a ce bonheur que la rue principale a des arcades des deux côtés comme Bologne ; c'est là que je me suis réfugié après la messe. On voit sur une boutique : *Almacen d'habillemens de Paris* pour *Magasin* ; ce mot espagnol s'emploie fréquemment dans ce sens. Les quais de la Nive et quelques rues qui y aboutissent ont aussi des arcades, qui étaient fort utiles, ce soir, par le froid qu'il fait après la pluie.

Le génie vient de bâtir en 1834 une belle porte militaire le long de la rive gauche de l'Adour, mais beau, en fait d'architecture militaire, ne veut dire que raisonnable. Le génie a bordé la rive droite de l'Adour d'une belle grille, dans le double intérêt d'empêcher des débarquements d'ennemis et de marchandises de contrebande. Cette grille porte aussi la date 1834. J'ai suivi la rive gauche de l'Adour pendant une demi-lieue, cherchant la mer que je n'ai pas trouvée (comme à Vannes). L'Adour est une belle rivière, large comme la Seine au Pont-Neuf. J'y ai vu descendre et remonter la marée.

La rive droite rappelle le coteau de Lormont à Bordeaux ; c'est une suite de mamelons recouverts de jolis bosquets de bois. Malheureusement, dans le Midi, on plante toujours des ormeaux ; ils ne sont pas encore verts aujourd'hui, 16 avril, tandis que, hier, près de Bayonne, j'ai vu un marronnier fleuri. Ce qui fait plaisir, c'est la première verdure qui semble dire : « Voici le printemps, l'hiver est fini. » Le bas de l'Adour est gâté par des buttes de sable, hautes de 30 ou 40 pieds, revêtues de pins, qui est bien l'arbre le plus laid qui existe. Renonçant à voir la mer, qui est trop loin pour un voyageur qui a passé la nuit en voiture, je me suis assis sur une de ces *landes* ; cela est complètement laid.

C'est avec toute la simplicité possible que le sous-préfet m'a donné une passe pour l'extrême frontière et m'a recommandé pour le voyage à Fontarabie. C'est pourtant la troisième fois dans ce voyage que je trouve de la simplicité dans un fonctionnaire public. A Paris, les plus agréables veulent faire de la grâce, ce qui oblige à faire sentir l'importance du service que l'on rend. J'ai été vivement frappé de l'obligeance simple et rapide de ce sous-préfet, dont je n'ai pas pu lire la signature.

J'ai lu le mandement de l'évêque à la cathédrale ; il n'est point outrecuidant comme celui de l'archevêque de Toulouse. Au reste, je lisais en passant la revue des jolies femmes qui sortaient. Je croirais qu'il y a plus de religion ici qu'à Bordeaux.

C'est une chose étonnante que le petit nombre de villes de France qui jouissent de la vue de la mer. Cela est raisonnable ; on ne peut pas les bombarder comme Gênes, Naples, Ancône, Livourne, mais il faut en convenir, cela est bien malheureux pour la beauté du paysage. Malgré une demi-lieue faite dans le sable, je n'ai pu voir la mer, même dans une perspective éloignée comme à Lorient.

J'ai tué une quantité de cousins contre les vitres de ma chambre ; les pauvres diables étaient à moitié glacés par le froid, et je me faisais presque un reproche de les tuer, mais je pensais à la nuit prochaine. Ma chambre à San-Esteban donne sur le rempart et la belle porte neuve. Cet hôtel-ci est *l'ultra*, m'a-t-on dit en soupant à Mont-de-Marsan. L'hôtel du Commerce, d'opinion contraire, a cependant servi un dîner tout en maigre avec d'énormes poissons le vendredi-saint, 13 avril, et cela bien entendu, pour le prix ordinaire. On a fait maigre à San-Esteban le vendredi-saint.

Hier, en sortant de Langon, j'ai vu la

première fois de cette année un peuplier complètement feuillé. Une trentaine de peupliers d'Italie, situés vis-à-vis ma fenêtre, au delà du rempart, au couchant, sont feuillés autant que possible. Deux vastes flaques d'eau sont effleurées par les hirondelles, et, ce matin, beaucoup de grenouilles y chantent agréablement.

Les femmes du peuple, même cossues, sont coiffées du mouchoir dont on laisse échapper trois bouts, le troisième beaucoup plus long que les deux autres. Cette coiffure toujours fraîche (le mouchoir, je pense, ne sert qu'un jour), a, suivant moi, beaucoup de grâce.

Au levant de la place d'armes, tout près de la belle grille qui porte la date de 1834, j'ai remarqué en arrivant un superbe bâtiment carré, composé d'arcades sur toutes les faces et qui n'en est encore qu'au premier étage. Si, comme un enfant me l'a dit, c'est une *nouvelle Comédie*, rien de plus judicieux et de plus joli. S'il y a des voitures dans la ville, chacun pourra donner rendez-vous à sa voiture à une arcade différente et le chargement sera fait en un instant. Dans les grandes chaleurs et en hiver, on se promènerait sous celle des quatre rangées d'arcades qui serait la plus fraîche ou la plus chaude. Ce plan était celui du théâtre de Moscou que l'armée

française vit pendant trente-six heures.
Il n'y manquerait que le moyen de descendre à couvert ; mais comme je faisais
cette objection contre la salle de spectacle
du Havre, on me répondit : « Personne ici
ne vient au spectacle en voiture ». Je ne
trouve rien à reprendre à la salle de spectacle de Bayonne, donnant au couchant
sur la place d'armes et sur l'allée de beaux
arbres qui longe l'Adour et la nouvelle
grille ; au nord est l'Adour, et, au levant,
le quai fort large formant place et par lequel arrivent toutes les voitures. Il est
difficile de concevoir une position plus
heureuse. Les promenades de Bayonne
sont sur les remparts.

A Bayonne souvent, au bout de la rue
ou de l'ouverture formée par l'Adour ou la
Nive, on voit une colline couronnée de
grands arbres ou une fortification pitto-
resque, et le rayon visuel aperçoit cela sous
un angle de 20 à 25 degrés.

- La demi-tasse de café coûte sept sous
à Bayonne, à Bordeaux, six. On m'a vanté
un café ridicule, celui du *Commerce*. Je les
ai essayés tous aujourd'hui ; le meilleur
est le *Café Américain*. Le *Café Italien* a
beaucoup de bon pour un café de province.

Demain 17 avril, on m'éveille à 7 heures ;
j'ai la première place du coupé de la dili-

gence Castex pour aller à la Bidassoa et à
Irun, je crois. Dans ce moment, tout le
pays de Bayonne à Montpellier et Perpignan
est rempli de diligences en concurrence.
Un dîneur a eu pour 20 fr. un coupé annoncé 24 fr. On fait du rabais pour enlever un voyageur à la concurrence.

45 fr. de Bordeaux à Bayonne, coupé
Dotezac : c'est fort cher. La malle-poste
coûte moins (ici on dit *moin-ce*, *bi-aine*
pour bien, *fe-in* pour fin, et l'on prononce
barbarement et fortement toutes les fins
des mots).

J'ai dîné fort bien à Biarritz pour trois
francs. Fort passable vin de Bordeaux.
L'extra à 40 sous.

BEHOBIE, le 17 avril 1838.

Hier soir à Bayonne, j'arrêtais la
première place à la diligence de Behobie
(5 fr.). Elle devait partir à sept heures. Le
facteur devait venir me réveiller à six.

Après une excellente nuit qui m'a rendu
la fraîcheur de sensations qui manque toujours à la suite d'une nuit passée en diligence, j'ai été réveillé par un vent infer-
nal. C'est le vent d'ouest qui déjà m'a joué
un si mauvais tour à Bordeaux (vers le
21 mars).

Aujourd'hui il m'a donné trois averses avec impossibilité de tenir le parapluie.

A six heures et demie, ne voyant pas de facteur, je quitte l'hôtel de San-Esteban. Je demande à la diligence Castex si j'avais le temps de prendre du café. On a dû bien rire de ma question ; j'ai dû passer pour un grand original ; on m'a conduit à un café borgne où j'ai pris longuement du café, puis j'ai eu le temps de brûler trois cigarettes.

Gaîté d'un sergent qui vient pour boire une demi-bouteille de *blanc* avec un de ses amis. Ces jeunes soldats voient passer trois ouvrières de leur connaissance, toutes trois jeunes, deux jolies de cette beauté si spirituelle, si attrayante, si *coquette sans vanité* de l'Espagne. Je ne sais comment peindre juste cette qualité.

Gaîté des jeunes ouvrières et des soldats. La plus jolie se défendait de boire : « Quand je bois du vin, je ne puis plus travailler de toute la journée. » Le sergent était brillant et en vérité n'a rien dit que de très bien. Heureux âge, mais surtout heureuse classe d'êtres ! Quelle différence de ce sergent à son sous-lieutenant, jeune parisien de race aisée, sortant de l'Ecole de Saint-Cyr. Si ce sergent a de l'ambition, il ne compte que sur ses actions et nullement sur le crédit de la famille et l'intrigue. Sans

la crainte du départ de la diligence, je
serais encore dans ce café.

J'en sors par une pluie d'orage infâme ;
c'est cette pluie qui avait fait entrer le
sergent. Un vieux soldat espagnol m'offre
du feu de son brûle-gueule ; ensuite il me
demande l'aumône noblement, sans mine
piteuse.

Une sorte de gendarme disgracié, sorte
de colosse grossier à figure dure, prend la
seconde place du coupé. Il s'est trouvé que
c'était un homme de bon sens, mais avec
la finesse d'un procureur. C'est, autant que
je puis le comprendre, l'officier payeur
du régiment dont une partie occupe Saint-
Jean-de-Luz (le 37ᵉ peut-être).

Il descend à Saint-Jean-de-Luz et est
remplacé par un Espagnol (qui ne me salue
pas en s'asseyant mais fort bonhomme au
fond, c'est-à-dire que quand nous avons
parlé, à la seconde réplique, mon âme est
bien avec la sienne, tandis que plus je
parlais au trésorier, plus je tenais mon *quant-
à-moi*. C'est évidemment un paysan narquois qui a fait fortune, je veux dire qui est
devenu capitaine).

Jolies petites vallées en quittant Bayonne, couronnées par d'agréables maisons de campagne appartenant aux négociants de Bayonne. Il y en a beaucoup
de riches, me dit mon procureur narquois

(capitaine-trésorier). A Bayonne personne n'a une maison tout-à-fait de luxe (je disais hôtel, mon procureur comprend auberge). Les plus riches louent le rez-de-chaussée de leur maison qui fait magasin. Beaucoup de riches juifs, ajoute le procureur.

Enfin je vois la mer à droite de la route et à petite distance. Vrai plaisir ; je ne l'ai aperçue que de bien loin à Pauillac. Elle a de grosses vagues blanches ; elle est furieuse à cause des effroyables rafales de vent d'ouest ; il fait soleil et il pleut toutes les heures. J'ai essuyé trois averses aujourd'hui sans tenir mon parapluie ouvert.

A dix heures nous sommes à Saint-Jean-de-Luz ; on passe deux ponts.

Sur les deux branches du port, la mer a déjà *mangé* la moitié de la ville. Ce que j'ai entrevu de la ville près du port est singulier. Pas de murs mitoyens. Chaque maison est séparée de la voisine par un espace vide d'un pied ; les incendies doivent être rares.

Les volets des fenêtres ont de forts crochets qui les retiennent à distance formant un angle de 45 degrés avec le mur. Plusieurs maisons portent la date de leur construction au-dessus de la porte ; l'inscription est sur pierre et les lettres sont saillantes. Je remarque une maison de

1670. Les fenêtres et volets sont en rouge sang de bœuf tirant sur le noir.

Un singulier petit château qui fait l'angle de la place et contre lequel on passe en allant en Espagne, a des petites tours carrées, portées en encorbellement sur les angles à droite et à gauche. Cela est hardi.

Je trouve les bœufs, vaches, ânes et chevaux du pays basque bien petits, bien laids, bien faibles. On m'apprend que c'est là un des malheurs du pays. On me dit que M. le Maire de Saint-Jean est depuis treize ans à Paris, pour solliciter le paiement de ce que l'armée française a pris au pays en rentrant d'Espagne en 1823 et 24.

Si M. le Ministre de l'Intérieur n'avait pas à s'occuper d'élections, il pourrait songer à améliorer le bétail du pays basque. Envoyer des étalons et annoncer qu'en 1845 on percevra un impôt de cinq sous par tête de bétail non amélioré. Envoyer l'espèce de vache suisse ou de la race de Derby, après avoir demandé à M. Arago laquelle convient le mieux au pays basque.

Après Saint-Jean-de-Luz, belle maison de campagne sur la route à droite. Elle a une allée de platanes sur le bord de la route. Les collines, d'abord légères en sortant de Bayonne, prennent plus de caractère à mesure qu'on avance, sans cependant rappeler jamais en aucune façon les collines des Alpes.

Avant d'arriver à Saint-Jean-de-Luz, nous avions aperçu la montagne de Run ou de Rhune, la plus haute du pays basque, mais de gros nuages gris l'interceptaient à moitié. De Saint-Jean-de-Luz à Behobie les collines se changent en montagnes ; mais rien de grand. Comme je m'en plaignais, on m'indique une vallée par laquelle on aurait aperçu, s'il n'y avait pas eu de nuages, les montagnes couvertes de neige des Pyrénées, vers Saint-Jean-Pied-de-Port (pied de passage. Longtemps j'ai cru que le *port Lapice*, dans *Don Quicholte*, était un port de mer et ne concevais pas un port de mer dans la Manche ; je supposais le chevalier de la triste figure vers Algésiras).

A 11 heures et demie, je suis arrivé à une rue enterrée dans les collines et dont les maisons sont bien bâties. Il pleut ; je vois un pont de bois peint en rouge ; c'est le fameux pont de la Bidassoa. A la droite du Pont, je vois une île couverte de gazon qui sort à peine de deux pieds hors de l'eau ; c'est l'île des Faisans où *Louis XIV vint se marier*, me dit mon guide. Cette île qui est intacte n'a pas cent pieds de long et ne possède pas un arbre. Le chemin arrive par un demi-cercle au pont de bois de la

Bidassoa qui est à peu près nord et sud
(un peu sud-est et nord-ouest). Ce pont est
peint en rouge. La rivière est peu large et
quand les *christinos* détruisaient à coups de
canons la maison fortifiée des carlistes au
bout du pont, ce devait être un beau tapage à Behobie. Le chemin est bien en-
tretenu en pierres cassées, les maisons bien

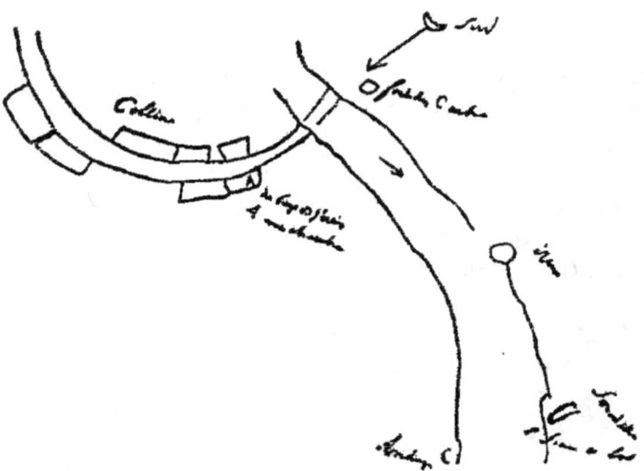

blanchies et solides. Il y a un petit fossé
pavé en petites pierres plates à gauche du
chemin, contre les maisons adossées à la
colline.

Obligeance parfaite de M. le commissaire de police qui occupe une maison on ne

peut mieux située pour ces frontières, à
gauche au bout du pont.

Il pleut à verse ; il n'y a pas de voiture
à Behobie, ni un bateau couvert ; je me
mets bravement à rentrer à pied et par une
pluie battante. Le vent ne me permet pas
de tenir mon parapluie ouvert, même à
moitié. J'aurais dû attendre, mais l'attente est plus pénible que la pluie.

Air misérable du soldat *christino* dont
j'aperçois la tête au bout du pont. Un
chef de bataillon français ; sa fatuité ; il
parle de ce qu'il a fait et rapporte un dia-
logue avec ses soldats qui lui disent *com-
mandant*.

Une foule de soldats misérables en-
combre le pont d'Irun. Je monte dans la
rue ; on chante avec accompagnement de
guitare ou plutôt de tympanon dans une
grande maison délabrée, à droite de la
rue. Irun est situé sur une petite éminence
où j'arrive solidement mouillé après une
demi-heure. Foule de soldats et d'officiers
devant l'auberge. Tous ont de beaux yeux
et me regardent comme une bête féroce
dont on trouble le repos. (J'estime et aime
beaucoup la logique ; je prie ceux qui, par
hasard, liront ceci de pardonner cette
comparaison ; je ne trouve pas d'équi-
valent et elle est juste.)

Les officiers et soldats occupaient la

porte de l'auberge ; je salue un peu les officiers en les dérangeant pour passer ; ils ne me rendent pas le salut.

La fenêtre de l'auberge est située vis-à-vis le petit palais d'Irun. Je n'ai rien rencontré en France dans ce voyage qui ait autant de *style*, c'est-à-dire qui parle tant à l'âme que ce petit palais, dont maintenant les cinq arcades sont bouchées par un mur grossier, percé de meurtrières. Un mur semblable garnit la porte. En allant voir l'église j'ai trouvé une barricade encore existante. Elle est formée de tonneaux hauts de huit pieds, apparemment pleins de terre, et passe par une sorte de poste. Les murs des maisons sont criblés de balles, et autant que je puis comprendre l'espagnol, parlé par des Basques, les carlistes occupent la crête d'une haute montagne tout près d'Irun. De tous côtés on aperçoit des meurtrières percées dans les murs et, autant que je puis me le rappeler, j'ai vu trois barricades. On a l'air en pleine guerre, mais en plus pleine misère.

Les soldats espagnols sont pleins de naturel et ne jouent pas la comédie ; de là leur air piètre. Comme le temps est à la pluie, ceux qui sont en sentinelle portent le fusil renversé et la crosse passée dans une des manches de leur redingote gris de fer. Cette manche ainsi garnie passe à deux pieds au-dessus de leur tête.

La fenêtre de l'auberge donnant en plein en face du petit palais qui sert de caserne, je vois des soldats dans toutes les occupations, même faisant la cour à deux revendeuses de fruits ou plutôt d'herbes qui, je ne sais pourquoi, occupent une guérite neuve destinée à une sentinelle. Je sens l'utilité de la comédie dans les fonctions publiques. Je ne sais quel ministre disait fort bien à Louis XVI, qui n'avait pas même le courage de paraître en habit richement brodé : « Sire, un roi est une cérémonie. »

Qu'est-ce qu'une sentinelle qui n'a pas l'air terrible ? ou au moins l'air du devoir impitoyable. Nos sentinelles de cavalerie ont l'air Lovelace, les sentinelles de la garde impériale avaient l'air *séide*. Les huit premiers généraux pris au hasard auraient condamné le duc d'Enghien, comme les huit premiers soldats auraient fusillé un passant sur l'ordre de l'empereur..... [1].

1. Trois à quatre lignes illisibles, où je déchiffre à peu près : « Réplique du général Cour à Bader ou Moreau : — Comment monsieur n'avez-vous pas......... que les soldats de l'Empereur ?

Le ton de cette chanson disait à la fois : « Vous n'avez pas de cœur et prenez garde à vous, imprudent, je puis d'un mot vous faire destituer ! »   N. D. L. E.

En montant la rue d'Irun entourée de
maisons délabrées et criblées de balles, on
arrive à une place où je vois deux sentinelles et une cinquantaine de soldats de
mauvaise mine en divers groupes. Au bout
de la place au midi, se trouve un petit
palais faisant face au nord.

Je vais passer pour mauvais Français,
mais puisque j'ai fait la gageure de préférer
la vérité à la bonne réputation, il faut bien
dire que, depuis longtemps, je n'ai rien vu
qui ait autant de *style*, qui parle autant
aux parties nobles de l'âme. Une maison
qui serait revêtue de pièces de 40 francs
attachées avec des clous n'aurait pas de
style à mes yeux, mais à ceux des épiciers
de province, elle parlerait un langage bien
éloquent. Hé bien, un bâtiment énorme est
à peu près la maison revêtue de pièces de
40 francs ; elle dit : *Il a fallu beaucoup
d'argent pour me faire.*

Ainsi, je suis tellement ennemi de ma
patrie et mauvais Français que le petit
palais d'Irun me fait beaucoup plus de
plaisir que le grand théâtre de Bordeaux.

Ce palais a cinq portiques à voûtes rondes fermées par quatre piliers ; au-dessus,
règne un beau balcon d'une architecture
large et accentuée ; il est soutenu par des
pierres figurant des bouts de poutre. Au-
dessus de chaque fenêtre un triangle (les

mots propres me manquent tant je suis occupé par la sensation). Au-dessus des fenêtres, bel espace vide ; la ferronnerie et les pierres, d'un bel appareil, bien rangées et d'une riche couleur jaune tirant sur le noir. La façade est terminée par une belle corniche fort accentuée, dont les diverses parties sont fort marquées. Maintenant vient le baroque : au-dessus de la corniche une balustrade, garnie de vases en pierre d'où sortent des flammes, ce me semble, en pierre aussi. Dans cette balustrade, ornement au milieu, ornements aux deux extrémités, laissant un vide de forme ovale. Dans le vide, à gauche du spectateur, est placé le clocher de l'horloge dont le beau cadran doré a été placé sur la façade, immédiatement au-dessous de la corniche.

Le palais est surmonté d'un grand bâtiment carré avec deux fenêtres en plein cintre, apparemment continuation des murs intérieurs. Cela est baroque, je l'avoue, et point laid. Cette tolérance tient peut-être à l'état actuel de forteresse de ce pauvre petit palais. Un mauvais magasin de munitions obstrue le bas de son portique ; la grosse montagne que l'on aperçoit au delà est occupée par les carlistes, et trois ou quatre mamelons autour d'Irun ont été chargés de forts par les christinos. Au total, ce petit palais me semble du style de Bernin ; il me ferait peut-être hausser les épaules à Rome, mais après avoir vu Tours, Bordeaux, Toulouse et Bayonne, il me fait un vif plaisir. Les maisons à droite et à gauche du palais sont régulières ; à gauche il y a une décrue rapide.

J'ai dîné en regardant ce palais et les soldats espagnols, sauvages pleins de courage.

J'ai eu une sorte de bouillie de pain pour potage, très bonne. Un bon riz avec des pois chiches qui, cuits, ressemblent au maïs et n'ont aucun goût, un morceau de lard environné de feuilles coupées en carré, de la grandeur d'une pièce de dix sous. Ce foin est fort amer ; le vin était comme de l'encre ; un ragoût avec sauce, laquelle a un goût si étrange, que je ne puis continuer ma côtelette. Fort bon dîner pour un homme qui vient de faire une demi-lieue par une pluie battante. Dîner : 50 sous.

J'ai demandé du café : l'hôtesse m'a dit : « deux reales », apparemment parce que je n'avais pas marchandé sur les cinquante sous, mais, outre que le dîner valait bien cela, marchander dans ce moment m'eût ôté tout mon plaisir.

Je suis allé à la cuisine pour allumer un cigare ; la cheminée était bloquée par deux soldats et un cocher apparemment, lequel bavardait beaucoup. Un soldat, fort poliment, a pris un charbon dans la petite machine de laiton destinée à cet usage et me l'a présenté.

Alexandre, le conducteur de la diligence de Bayonne à Behobie, avait porté mon manteau jusque là ; il m'a envoyé son frère, jeune berger trapu de 15 ans, pour remplir le même office pendant le restant de la course.

J'ai eu tort de ne pas me bien sécher à Irun ; je le paye aujourd'hui (goutte au tendon de l'orteil gauche), mais j'étais tout à la curiosité.

Pour aller à Fontarabie, nous prenons à gauche en sortant de l'auberge et la première rue à gauche. Il y a des arcades pleines en pierre entre les fenêtres du premier étage ou sur les portes de beaucoup de maisons. Elles ont l'air fort solide, et, oserai-je le dire, la plupart ont du style, tandis que les maisons, bien plus commodes apparemment de Behobie, m'ont l'air de grandes fermes cossues et n'ont pas l'ombre de style. Ces maisons sont criblées de balles ; ce sont des balles anglaises, me dit mon basque de 15 ans, lequel ne parle pas français, mais seulement un peu espagnol. Me munir des dialogues de Mme de Genlis si jamais je reviens en Espagne ; je comprends l'espagnol en lisant

le journal, mais dans la conversation, très
occupé de ce que je veux dire, je ne me
soucie plus des mots ; je parle italien ou
anglais à mon basque.

— Monsieur, voulez-vous voir l'église ?

J'avais oublié l'église qui, de loin, m'a-
vait beaucoup frappé, située qu'elle est
au bord du mamelon, à la descente vers la
Bidassoa, à peu près comme celle de Fontarabie.

Cette église est en pierres de moyenne
grosseur, mais de forme carré long et
parfaitement égales à peu près comme les
remparts d'Avignon, dont elle a aussi la
belle couleur café au lait tirant sur le jaune.
Elle est revêtue d'arcades appliquées qui,
sans doute, ont la pointe en ogive ; mais
ses murailles extérieures offrent une nudité
simple et majestueuse. C'est le contraire
du genre gothique d'Amiens, par exemple,
qui redoute de laisser la moindre partie

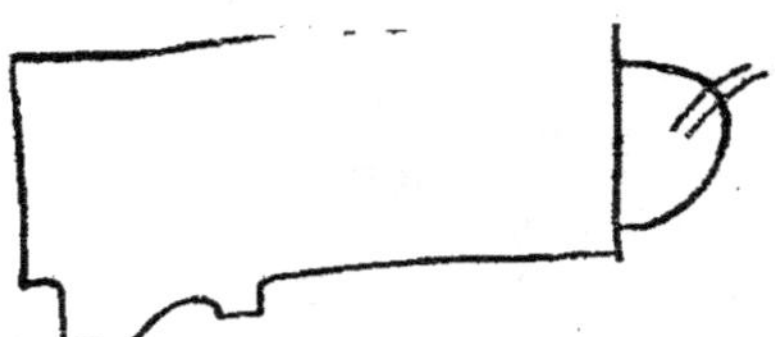

sans ornement. Cette nudité confiante
des églises d'Irun et de Fontarabie se rapproche de l'architecture antique.

On entre par une porte à gauche de
l'église. Il me semble qu'elle est sous le
clocher. Je n'ai rien écrit sur place ; la
pluie menaçait et j'étais tout à la sensation.

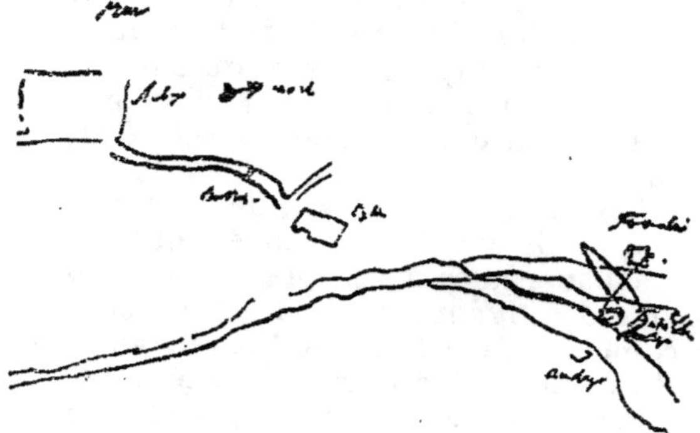

L'intérieur, en rapport frappant avec
l'imitation de l'antique pour la hardiesse
du non-ornement extérieur qui offre un
vide immense. C'est la forme d'un jeu de
paume, la forme de la première partie
de Saint-André, à Bordeaux, de Notre-
Dame-du-Taur, à Toulouse. Les voûtes
très plates qui forment le plafond sont
gothiques avec des nervures bien maigres, comme à Bordeaux ; mais au point
où se rencontrent les nervures, il y a
une ligne droite qui diminue beaucoup

le nombre des angles aigus et donne
quelques angles plus approchés du droit.
Le fond de l'église est un immense édifice
doré, haut de cin-
quante à soixante
pieds, et formé de
trois ordres d'ar-
chitecture : compo-
site, ionien, corin-
thien. Ces colonnes,
fort régulières, sont
entremêlées d'un nombre prodigieux de
bas-reliefs dorés. En général ces figures
dorées, un peu plus petites que nature, quoique fort médiocres, se rapprochent du
style du Bernin.

Un petit sacristain a levé les toiles qui
recouvraient deux ou trois madones assez
richement habillées.

Il y a une grande arcade au lieu où est
ordinairement placée la porte.

Chaque autel a beaucoup de bas-reliefs
dorés, ce qui, à mes yeux du moins, ôte
tout le sérieux d'une église. Celle-ci m'a
beaucoup frappé ; elle est extrêmement
différente de celle de Bayonne. Je ne me
rappelle plus à quelle époque a été réuni
à la France le pays entre Bayonne et la
Bidassoa.

La pluie menaçait de plus en plus ; il a
fallu quitter cette église qui m'a beaucoup

frappé. Un grand nombre de gamins jouaient aux billes sur la porte, qui est dans le genre de celle de Notre-Dame-de Paris, avec force figures, moins ridicules peut-être et que la rage révolutionnaire n'a pas privées de leurs têtes.

— Voulez-vous prendre à travers champs ? m'a dit le guide.

— Volontiers.

— Irun est petit, m'a-t-il dit avec un orgueil vraiment espagnol, mais voyez que de forts !

Il me montrait des maisons sur des mamelons autour desquelles je voyais de la terre amassée.

Trois hommes ont passé marchant avec une *lesteté* incroyable, fort vite et sans effort.

— Sont-ce des soldats, ai-je dit dans une sorte d'espagnol.

— Un, les autres sont des contrebandiers, je pense.

En effet, ils portaient une sorte de besace bien peu volumineuse.

Nous escaladions les champs basques au moyen de petites pierres fichées dans la descente. Des chiens fort méchants nous montraient des dents fort blanches, comme nous passions dans les cours remplies de fumier de plusieurs maisons. Elles sont isolées, carrées, et ont l'air fort solides.

Cela est infiniment supérieur aux maisons de la Picardie. Je n'ai pas vu une maison annonçant la misère depuis Bayonne.

Nous ne rencontrons presque personne ; quoique cultivé, le pays a l'air dépeuplé. *Du pain*, me disait mon guide en me montrant le blé d'un champ que nous tournions. Le sentier était bordé de fèves.

Toutes les femmes sont pieds nus, et, chose qui est étrange, par le vent affreux et la pluie qui verse à tout moment, elles sont nu-tête. Leurs cheveux forment une tresse qui descend presque jusqu'aux jarrets.

Quand nous regagnons la grande route, le guide me montre les champs désolés et encerclés par les dernières maisons. Ces champs, qui sont du moins garantis par des digues de terre que l'on commence déjà à refaire, sont sur la rive gauche de la Bidassoa.

Nous rencontrons trois hommes au regard fier ; ce sont des soldats.

Un officier m'a dit ce matin que les Espagnols ont à Irun un sous-officier d'artillerie, homme d'un mérite rare ; il a opéré depuis quatre ans tout ce que son arme a fait de bien sur cette frontière. Outre les soins qu'il donne au matériel, il est admirable pour conduire et faire marcher ses hommes.

— Hé bien ! continue l'officier, on se garde bien de le faire sous-lieutenant.

Mon basque de 15 ans, qui est d'Irun comme son frère le conducteur Alexandre, connaît tout ce que nous rencontrons sur la grande route. Air fier et regard de deux femmes de pêcheurs d'un village voisin. On voit que ces femmes savent que l'amour est la grande affaire de tous les hommes qu'elles rencontrent.

FONTARABIE.

Comment peindre l'air désolé de Fontarabie ? De ma vie je n'ai été aussi frappé de la misère qui suit la guerre, qu'en montant à la ville, élevée de quarante ou cinquante pieds sur la plaine.

Les Français et les Anglais ont fait sauter les fortifications régulières de Fontarabie qui ont roulé sur la plaine en morceaux gros comme la moitié d'une chambre.

Outre cet effet général, on voit à gauche de la porte une brèche ouverte. Les christinos ou les carlistes, je ne sais, ont rempli les endroits les plus accessibles de ces ruines par un mauvais mur de jardin, percé de meurtrières.

BAYONNE], 18 avril.

Arrivé à 7 heures de Behobie. Dans le brouhaha du départ, j'ai failli perdre mon parapluie que, hier soir, la maîtresse de la maison avait mis de côté. La migraine m'empêcha de sortir. Aujourd'hui, c'est par hasard que j'ai une place ; à ces diligences de province, c'est un pillage. Avis pour l'avenir. Aller à Grasse de Marseille, *d'après l'avis du capitaine-trésorier* d'avant-hier.

La bêtise méfiante des méridionaux paraît bien dans leur idée de ne pas recevoir les pièces de deux sous que les caisses publiques reçoivent. De là, disette de monnaie. Le portefaix qui m'apporte mon sac de nuit, est obligé d'aller dans cinq boutiques avant d'avoir la monnaie de cinq francs. Ce matin, le marchand de papier de Behobie n'a pas pu rendre sur cinq francs, ce qui fait que j'ai oublié de le payer. On voit bien, dans cette méfiance sotte, la passion du midi et son manque de génie pour les affaires. Il y a eu des pièces de deux sous fausses, qu'importe, si les caisses publiques, si la poste aux lettres les reçoivent. On est accablé du poids de douze ou quinze gros sous que l'on a sans cesse dans la poche, et d'ailleurs la moitié des gros sous de deux sous est de la fausse monnaie.

(Il ne me reste à écrire de mon voyage que Fontarabie et le Dragon du Gothique d'Hendaye. Beauté de sa fille ; une autre est mariée à un militaire et lui coûte beaucoup d'argent ; il est petit marchand.)

Temps du diable de Behobie à Bayonne. Conversation d'une raison profonde de trois enfants de huit à douze ans. Sagesse de petit masque (qui est bon). Ses réponses dignes, par la prudence, d'un homme de 30 ans. Je pense qu'ils rentrent des vacances de Pâques. Blague des deux officiers de vingt ans qui sont venus de Behobie à Saint-Jean-de-Luz. L'Espagnol poli qui entre, souffle à la porte ; on le plaisante sur M. Polignac ; sa colère ; foule de *Kesako*.

PAU, le 20 avril 1838 [1].

Je suis arrivé à 7 heures du matin.

D'après ces menteuses de cartes géographiques qui, comme tout le reste des sots travaux du siècle, décrivent sans avoir vu, je m'étais figuré que la route de Bayonne

1. Ceci est une étude que j'abrégerai peut-être beaucoup en peignant, et encore je suis loin d'admettre tous les souvenirs (20 avril).

à Pau était une belle route de montagne ;
loin de là ; rien pour l'imagination ; c'est
une route qui constamment descend, carrément et sans nulle espèce d'art, dans une
foule de petits vallons qu'elle remonte de
même en ligne droite. Les cochers du
midi ne savent d'autre finesse que de mettre leurs cinq lourds chevaux au galop
pour faire la descente afin de profiter de
l'impulsion pour faire encore au galop les
premiers pas de la montée. Ces pauvres
gros chevaux n'en peuvent plus dès le
milieu de la montée et la finissent au plus
petit pas. C'est ainsi qu'on en agit en Espagne. Cette petite sottise est un indice
frappant du caractère de ces peuples du
Midi. Tout par *à-coup*, par mouvement de
passion. L'attention soutenue pour tenir
constamment l'équipage à un bon trot leur
serait trop pénible.

Et, en France, le Midi jette les hauts
cris de ce que le Nord le surpasse dans les
arts du commerce. La réponse est bien
simple : le Midi a le génie naturel ; mais le
Nord a les talents et, de plus, les caractères
qui assurent le succès dans le commerce.

La route de Bayonne à Pau est agréable
mais n'a d'autre particularité que de tourner toujours à droite ; elle se compose de
lignes droites d'une demi-lieue ou d'une
lieue, puis on tourne à droite.

Nous sommes partis de Bayonne à 5 heures du soir par la pluie qui, avec le vent d'ouest, règne depuis le 16 avril (lundi de Pâques). Mes compagnons de coupé sont : un petit monsieur, le nez pointu, décoré, qui tient son quant-à-soi et qui empêche la conversation bon enfant de naître entre moi qui occupe le coin gauche et un gros garçon, bon négociant de Revel (près le bassin de Saint-Ferréol) qui tient le coin de gauche[1]. Le Monsieur au nez pointu voit les inconvénients des choses et s'ennuie ; ce sera quelque employé supérieur d'administration.

Nous passons l'Adour sur le pont de bateaux entre Bayonne et Saint-Esprit ; descente glissante et assez dangereuse ; montée idem au bout du pont. Apparemment la marée est basse. Les champs qui environnent la route ont assez d'arbres, mais j'étais contrarié de ne pas voir de montagnes. A deux lieues de Bayonne on trouve un château à gauche ; le bâtiment est plat, mais il y a de grands arbres dont la masse borde la mer au midi de la route, ce qui doit être bien agréable en été pour le pauvre voyageur. En général ici, comme dans les environs de Bordeaux, chaque maison un peu cossue possède, à

1. Ici lapsus évident de Stendhal. Un des deux était à droite. N. D. L. E.

côté de son avenue, un bouquet d'arbres
d'un demi-arpent ou d'un arpent ; par
malheur ces arbres sont des ormeaux
de 30 ou 35 pieds de hauteur, à peine
verts en ce moment.

Le seul marronnier que j'ai vu de
Bayonne ici était magnifique et tout en
fleurs. Il y a beaucoup de platanes souvent mutilés pour les réduire à la forme
de parasols, laquelle procure une ombre
bien serrée, comme à Nyon ou à Rolle
sur les bords du lac de Genève. Gaîté d'une
jeune Béarnaise qui est descendue dans
l'intérieur de la voiture.

— Etes-vous commissaire de police,
vous ? dit-elle au négociant.

— Elle ne tient pas les yeux dans sa
poche, me dit-il.

Nous avons passé l'Adour à la nuit noire.
On a remis un paquet de poisson au conducteur. J'entends assez le patois ; je vois
ce dont on parle, mais uniquement par
l'italien, comme j'entends l'espagnol, et
nullement par le français. Cette nuit-là,
la paysanne qui remettait le poisson répé-
tait souvent le mot français : *oui, oui*.

A Peyrehorade, qui me rappelait la
Vénus d'Ille de M. M[érimée], le négociant
de Revel et moi, nous avons bu de la bière
tout en admirant l'âpreté d'un autre négociant, auquel cette pauvre *concasseuse*

(c'est le nom que l'on donne à notre diligence) a porté de Bayonne à Peyrehorade
100 kilos de plus de marchandises pour
30 sous. La place coûte 2.50. Il y a treize
lieues, dit-on, de Bayonne à Peyrehorade.
Tristesse des petites lanternes contre le
mur qui éclairent un peu cette petite ville.

A deux heures du matin, à Orthez, politesse du conducteur qui est en différend
avec la Béarnaise qui a payé, dit-elle,
4 francs pour elle et 4 fr. pour sa mère. La
feuille ne porte que 4 fr. en tout. Je dé-
tourne les yeux. Ces scènes laides me font
mal, ce qui prouve que je ne suis ni un
philosophe comme Swift, ni un ambitieux,
ni un poète comique. Dans les romans ou
drames que j'admire ou que je relis, je
saute les scènes odieuses ; je voudrais pouvoir oublier le *laid* de la vie. Traits trop
marqués de la jeune Béarnaise ; yeux trop
rapprochés ; ils me rappellent ceux de
l'archichancelier Cambacérès qui, à cause
de M. D[aru], avait des bontés pour moi.

Nulle vanité dans le long différend du
conducteur avec la Béarnaise, rien d'âcre,
chacun soutenant sa raison simplement.
Enfin on en appelle au directeur de la diligence à Orthez, qui fait son apparition, le
foulard sur la tête et tout endormi. La
Béarnaise paie et le directeur s'engage
à lui rendre dans deux jours, après la ré-

ponse du directeur de Bayonne. Façons
ridicules d'un bourgeois de l'endroit qui
s'embarque, lui, sa femme et beaucoup
de paquets pour Pau. Le négociant, mon
compagnon, me dit que lui, se fait toujours
donner un reçu. Avis pour moi. J'ai payé
deux fois l'an passé pour le trajet de Cou-
tances à Saint-Lô.

J'ai été réveillé, entre Orthez et Pau,
par les cris du conducteur. La diligence
montait carrément, sans façon, une montagne. Le conducteur, faute d'un zigzag
dans la route, en faisait décrire à ses chevaux sur la route, et à chaque zigzag, il
fallait s'arrêter, pousser des cris affreux
pour repartir. Arrivé au sommet, sans laisser souffler ses chevaux, il les a mis au
galop pour la descente. Sottise et barbarie;
j'avais pitié de ces pauvres bêtes ; la vapeur de leur transpiration obscurcissait
l'air.

Enfin de beaux arbres ont annoncé Pau,
vers les six heures et demie, et je me suis
réveillé songeant aux descriptions que l'on
m'avait faites de cette ville. Toutes sont
fausses ; on m'avait parlé d'une ville de
montagnes. Nous avons passé le fameux
ravin sur un pont. Longueur de la rue de la
Préfecture ; maisons à deux ou trois étages,
couvertes en ardoises ; aspect cossu, mais
rien de beau (J'entends le beau *remisso*

gradu de Nantes et de Bordeaux). Ce *beau*
de Pau me frappait surtout à cause de la
laideur de Bayonne. L'intérieur de Bayonne
souvent est aussi laid que l'intérieur de
Saint-Malo et pour la même raison, le
manque absolu d'espace dans une ville
fortifiée, ou dans une île, comme Saint-
Malo.

Il faisait froid et humide ce matin à
sept heures à Pau. J'étais brisé à cause du
froid, je pense. Trente petits gamins nous
assiégeaient criant : *cirer les bottes.* Le débâ-
chement de la diligence s'est opéré avec
une extrême lenteur. Heureusement j'ai
eu le courage de chercher dans mon porte-
feuille l'adresse d'un bon hôtel. J'avais été
si complètement trompé pour San-Esteban
de Bayonne que je me rappelais le vers de
Fabre d'Églantine :

Et du Hasard tout seul, j'attends un honnête homme.

Après une auberge exécrable à Bayonne,
je tombe dans un hôtel excellent à Pau
(l'hôtel de France sur le jardin nommé
place Royale). Excellent hôtel, excellent
thé, attentions délicates, excellent ton des
domestiques, excellent lit, jolie chambre ;
je dors de sept heures trois quarts à midi.
Quand je me trouve bien, j'ai des idées ;
je domine la position ; les nuages élevés

par la bizarrerie, l'humeur, le besoin de
penser à autre chose disparaissent ; la vue
de l'esprit est nette.

Donc voici l'idée : aller chercher la chaleur à Marseille. Si je la trouve, en profiter
pour mettre ce journal à jour, plus, voir
La Ciotat, Grasse (recommandé par le
capitaine trésorier), Aix. Puis, quand il
ne fera plus froid, revenir à Tarbes ou même
ici et, par les petites diligences, aller à
Oloron, Bagnères, etc... afin d'entrevoir
les Pyrénées, s'il se peut. (Jusqu'ici, elles
m'ont l'air un peu de montagnes pygmées ;
je les ai traversées en 1828 à Figuières, un
de ces jours jusqu'à Fontarabie, à leurs
deux extrémités, en me disant : « *Pyrénées ubi es ?* ») Demain, aller à Tarbes,
après demain, Auch, Toulouse, Carcassonne, Narbonne.

Si le froid me persécute encore à Tarbes,
aller, sans m'arrêter que pour coucher, à
Marseille (j'ai réellement froid en écrivant
ceci, de 8 à 10, le 20 avril à Pau). S'il fait
chaud, voir en détail Arles au passage.

A une heure donc, je déjeune, puis je
sors, triomphant.

Le Gave de Pau, rivière assez large,
puisque le pont a sept arches. Tout contre
le Gave se trouve une colline fort étroite,
haute de 200 pieds peut-être ; là-dessus on
a bâti Pau. Cette colline est fort étroite

parce qu'elle est serrée par un ravin de
40 ou 50 pieds de profondeur, au fond duquel coule un ruisseau parallèle au Gave.

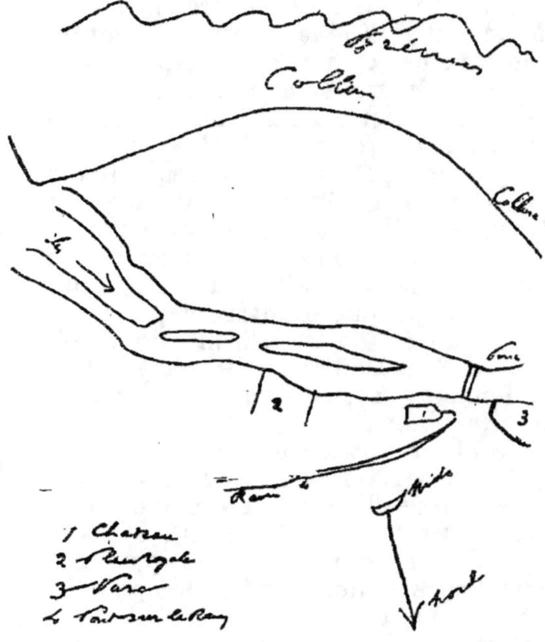

C'est ce ravin que j'ai passé sur un pont
ce matin en arrivant de Bayonne.
     A l'extrémité de cette colline si étroite

vers le couchant, au point où le ruisseau
qui se cache au fond du ravin vient se
réunir au gave, s'élève sur un rocher de

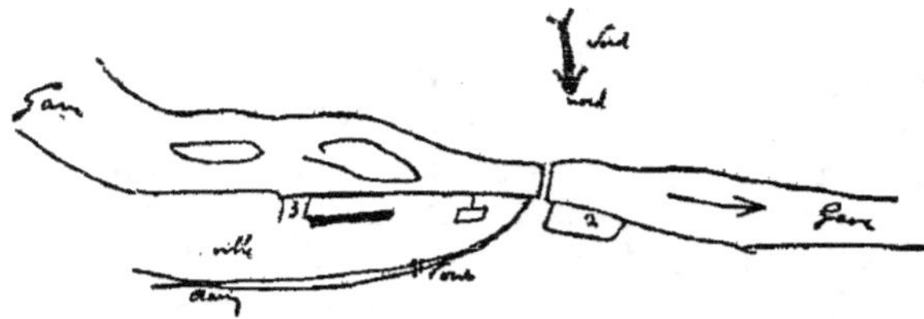

cent pieds de haut le château de Henri IV.

Il serait difficile de trouver une plus
jolie situation. Ordinairement ces châ-
teaux-forts sont, comme la position des
rois, trop élevés pour bien voir ce qui se
passe à terre ; celui-ci est juste au point
qu'il faut, entouré d'une belle ceinture de
jeunes platanes de 30 pieds de haut,
ayant pour perspective au couchant les
beaux arbres de Pau.

Sur la porte badigeonnée du jardin du
château, on lit 1586, je crois, mais cela
est si sottement badigeonné que j'ai pris
les fenêtres gothiques de la loge du portier
pour une imitation moderne. La forme
seule des chiffres anciens est bien imitée.

Le château est de la Renaissance sans
doute, mais gâté par des fenêtres carrées
à petits carreaux qui rappellent les fenê-

tres de la rue Mouffetard à Paris et lui
ôtent presque tout style. Quoi, en
1586, 66 ans après la mort de Raphaël,
c'est dans ce goût qu'on travaillait entre
la France et l'Espagne ! Sur un côté on lit :
Phœbos m'a fait... [1].

Le château est séparé du parc par la
gorge au fond de laquelle coule le ruisseau
du ravin qui défend Pau au Nord. Vingt
paysans travaillaient ce matin à déraciner
des platanes. La liste civile va, dit-on, faire
un pont par dessus le ravin, fort évasé en
cet endroit, et par dessus la route des Pyrénées venant du pont à sept arches, pour
réunir le château au parc. On ne peut
que louer une telle entreprise [2].

....

J'ai découvert une halle, grand et utile
bâtiment, vis-à-vis la Préfecture. Elle est
terminée, mais grand Dieu ! que les fenêtres sont laides et que ce bâtiment
eût été joli si les Bourbons eussent daigné
voir les charmants bâtiments de ce genre,
élevés par Napoléon en Lombardie de
1806 à 1813. Il avait pour ministre des
Finances un homme supérieur, le comte
Prina, massacré en 1815 par Messieurs...
En général ces constructions italiennes

1. Ici description de ce que je verrai le 21 et un peu
d'historique *from* Millin.
2. Ici l'histoire et ce que je verrai le 21.

sont des douanes. La halle de Pau a pour elle la masse. Avec 10.000 francs de plus, on placerait une colonnade formant promenade couverte devant la façade.

L'église, fort mesquine, a trois nefs et des arcades en pointes. J'y ai lu force épitaphes en français et remplies de fautes d'orthographe. Elles sont de 1630 ou 40. Ce sont des avocats au Parlement de Pau, dont les héritiers écrivent *Parlemant* avec un *a*. Extrême ridicule de l'orthographe de l'Académie française ; bon sens de l'Académie espagnole qui tend sans cesse à peindre la prononciation par l'orthographe.

Je parcours la rue Bonaparte ; on a mal effacé ce grand nom pour mettre rue Royale, rue Phœbus, rue d'Henri IV ; à la bonne heure ! Mais qu'est-ce que la royauté pour Pau comme pour Grenoble et pour Aix-en-Provence ? L'anéantissement de son existence individuelle. Si Henri IV eût été réduit à régner à Pau, ce grand homme n'eût pas commencé la vraie politique de la France, continuée par Richelieu, mais enfin Pau serait autre chose qu'une ville de troisième ou quatrième ordre.

J'oubliais mon indignation, en sortant ce matin et voyant la place Royale qui, de la grande rue de Pau qui occupe le sommet de la colline étroite, ouvre au midi sur la vallée du gave, et, au delà, sur des collines admirables surmontées vers le ciel par les sommets blancs des Pyrénées. Ces échevins qui administrent les villes de France sont bien partout les mêmes. Sous le parapet qui termine la place au midi, ils ont laissé bâtir des bains qui abîment le premier plan de la vue du gave et des Pyrénées. En s'approchant on se trouve juste à la hauteur des cheminées qui fument, et les cheminées sont à trente pieds de vous. Ce bâtiment est neuf. Il faut en convenir : l'ânerie ne peut aller plus loin. Notez qu'en le plaçant cinquante pas à droite ou à gauche, les intérêts des baigneurs ne souffraient en rien ; sa position était la même ; mais non, son bâtiment est précisément construit sur l'axe de la Place Royale et abîme l'une des plus belles vues de France. A mon avis ces échevins-ci l'emportent sur tous les autres et méritent le cordon de la *non perception du Beau*, ordre qui compte tant de chevaliers en France.

Dans trente ans, quand les enfants qui ont aujourd'hui 10 ans et apprennent à lire à l'école de Pau, seront aux affaires, peut-être le bon sens en architecture sera-t-il arrivé par les chemins de fer jusqu'à 204 lieues de Paris. Alors la municipalité de Pau sera bien embarrassée. De trois choses l'une : acheter la maison du baigneur et la rebâtir cent pas à gauche, acheter au moins le second étage inutile aux bains, et dont on fait des appartements meublés à louer, ou alors élever la place de huit à dix pieds.

A Milan, il y a une commission dite de *l'ornato* chargée d'empêcher la création du laid en architecture. Le maire ne peut donner un alignement qu'en citant dans les *considérants* de son arrêté l'avis de la commission de *l'ornato*. Cette commission, quand la politique, toujours amie du laid de M. de Metternich, ne s'en mêle pas, est composée de huit ou dix hommes de la ville qui passent pour avoir le mieux le sentiment des Arts.

Peut-être dans huit ou dix ans pourrait-on essayer en France l'établissement de telles commissions ; leur avis ne serait nullement obligatoire pour Messieurs les échevins. Mais tout ce qui a plus de trente ans aujourd'hui trouverait bien impertinente une commission de *l'ornato*.

Pendant que j'écris ceci à Pau vers neuf heures du soir, la ville retentit du bruit des voitures bourgeoises. C'est un bruit bien singulier pour moi et qui ne m'a pas troublé à Bordeaux ou à Toulouse. Le bruit du gave, sorte de torrent, quoique la vallée qu'il occupe soit bien à 200 pieds au-dessous de la Place Royale sur laquelle donne ma chambre, fait l'effet d'une immense cascade.

La conversation de la table d'hôte de l'excellent hôtel de France à Pau, est infiniment moins plate que la conversation de la détestable gargote de Bayonne. D'abord le dîner de Pau est fort bien, celui de Bayonne exécrable ; à Bayonne le vin avait un tiers d'eau au moins ; ici, il est bon ; il fallait demander une assiette trois ou quatre fois, ici le valet est aux petits soins.

A Pau, il n'y a qu'un commis-voyageur qui coupe son pain avec assurance et se place sur sa chaise avec bruit et pour bien montrer qu'il se sait chez lui. Il y a trois hommes polis sur huit, un vieillard gai et qui met en train et soutient la conversation générale. Il n'y a qu'un fat sérieux, prétendant au bon ton, allongeant le bras et se servant des plats avant tout le monde. Chacun de ces caractères se dessine fort bien.

Pendant les dîners sans esprit de Bayonne, chacun était occupé des intérêts de sa vanité ; il y avait une sorte de fille à table qui racontait qu'on n'avait pas voulu la servir dans sa chambre. « Il est fort désagréable de dîner avec des messieurs, quand on est dame. » Les messieurs avaient cinquante ans pour la plupart et parlaient

de faux toupets et de la nécessité de plaire
aux dames.

La table d'hôte de Pau est bien au-
dessus de ce ton-là ; excepté le fat sérieux
qui se sert et le commis-voyageur qui, par
souci de sa propre dignité, agit *avec bruit*,
tous les autres sont bien.

La conversation roule sur une séance de
la Société Philharmonique qui a eu lieu
hier soir. Les malheureux en sont encore à
chanter les airs de *la Juive* et à faire des
doubles croches sur la chanterelle. C'est
à 204 lieues de Paris, l'onde extrême du
mouvement imprimé par la vanité qui,
à Paris, fait courir les riches et les enrichis
au théâtre de M. Robert.

Il paraît que le fat sérieux a des succès
auprès des dames. Il désapprouve fort que
l'on se permette de rire d'une dame étran-
gère qui pourrait être la mère de son ado-
rateur et, craignant que ses charmes ne
suffisent pas pour l'enivrer, ne le reçoit
jamais qu'à la tête de deux bouteilles de
vin de Champagne.

Un de ces Messieurs me dit qu'il est fâché
de ne pas être membre du cercle, qu'autrement il m'y présenterait. Je vais au triste
café ; il n'a ni journaux, ni pratiques. Le
cercle absorbe tout. Mais le pauvre cafetier est fort poli et me donne du café fort
passable ; il a la complaisance de faire

chauffer du lait pour moi, et tout cela coûte fort peu cher. Cela me rappelle la complaisance et l'honnêteté de la cafetière de Fontarabie.

Demain à 10 heures et demie, je pars pour Tarbes ; 10 lieues que l'on a faites aujourd'hui en trois heures et demie avec des chevaux. Je me suis approché de la voiture pour voir la masse de grêlons imitant la neige qui tombent du cuir [la] recouvrant. Je paie d'avance 4 fr. sans reçu. Je serai donc demain à Tarbes, de deux à trois heures. Ces voitures qui m'assourdissent tous les quarts d'heures sont peut-être des diligences et le courrier. Cependant j'ai vu, de jour, deux voitures bourgeoises.

TARBES [1], [le 21 avril].

Arrivé le 21 avril par la pluie et le froid, à trois heures et quart ; parti de Pau à dix heures trois quarts ; coupé, 4 fr.

Tarbes, que je me figurais dans les Pyrénées puisqu'elle est à deux heures de Bagnères, est une ville horizontale s'il en fut

1. Hélas ! j'avais le projet de récrire tout ceci à Marseille quand j'aurais trouvé de la chaleur. Arrivé le 6 mai à Marseille ; parti le 29, je me suis promené au lieu d'écrire.

Erreur étrange par inexactitude de souvenir. Je me figurais la parade de la fête du *King* à Bordeaux au lieu de Montpellier.

jamais. Dans chaque rue coulent fort rapidement deux petits ruisseaux d'eau fort limpide. Ces ruisseaux pyrénéens peuvent avoir un pied de large et un pouce de profondeur.

Les rues sont pavées en pierres pointues, mais moins offensantes qu'à Toulouse, parce qu'à Toulouse elles sont déchaussées et ici garnies de sable. (C'est le froid, le 21 avril à six heures, qui m'empêche d'écrire.) Le petit espace de trois à quatre pieds qui se trouve libre entre les ruisseaux et les maisons pourrait être garni de bitume avec une petite dépense et former des trottoirs suffisants. Dans l'état actuel, ce petit espace est trop en pente pour qu'on puisse y marcher commodément.

Les rues sont assez larges, les maisons n'ont qu'un étage, les toits sont d'ardoise. La place Maubourguet me plaît, elle a de la gaîté : huit à dix rues y arrivent ; la rivière, d'une eau bien limpide, passe au midi. Cette rivière est un ruisseau des rues en grand. Elle peut avoir onze pieds de large et deux ou trois pieds de profondeur au milieu. Elle entre en ville (il me semble) par le jardin de l'hôtel de la Paix où j'écris ceci. Elle traverse le jardin, comme le Pô le Ferrarais : elle court entre deux digues et l'eau est plus élevée que les jardins qui sont dessous les digues.

La place Maubourguet a une autre beauté : la partie nord est occupée par une quarantaine de beaux ormeaux antiques, dont plusieurs ont quatre pieds de corps, un ou deux, six pieds.

Auch, lundi 23 avril.

Arrivé à minuit le dimanche soir, venant de Tarbes d'où la diligence était partie par une pluie battante à deux heures et demie. Soupé de minuit à une heure et couché immédiatement. L'estomac gâte le sommeil ; rêves désagréables ; j'avais mangé une sole verte. Excellent passage dans *le Figaro* du 16-17 sur le Prométhée de M. Quinet. *To take* ; lu au café Dairoles. Officiers de cavalerie (chasseurs et dragons) ; ils prennent du café, puis jouent. Récits du lieutenant à belle figure qui a été quatre ou cinq ans à Alger. De là, je cours à l'église.

Je m'attendais à du gothique en furie et terrible, dans le genre de Saint-Etienne (je crois) à Toulouse. Les récits bien dits, mais sans bon sens du c^t Bergerac (?) m'avaient préparé à cette sensation ; il parlait de profondes sensations, sérieuses et religieuses, données par la cathédrale d'Auch. Rien de tout cela ; au contraire.

Cette âme de valet avait habituellement peur ; il sentait que cela était fort mal et craignait probablement d'entrer en enfer à ce sujet.

Je vole à l'église.

Façade composée de deux clochers élevés comme à Saint-Sulpice, laissant entre eux fort peu d'espace pour la porte. Ces clochers ont deux rangs de colonnes corinthiennes, plus un rang de pilastres. Cela n'est point aussi niais et aussi plat que l'on pourrait s'y attendre. L'œil découvre dans les espaces entre les colonnes corinthiennes des niches, des médaillons ronds et ovales et autres ornements, restes du style de la Renaissance.

L'intérieur est presque grec par l'aspect général et l'absence de tristesse. Cet intérieur n'est point chargé et accablé de détails selon le style des grandes églises gothiques. On dirait que l'architecte a eu horreur du mesquin et du laid que l'on entassait en 1200, d'après le fameux principe : *Ne pouvant la faire belle, je l'ai faite riche.*

La nef est large ; l'ensemble a l'air léger et presque gai, donc gothique de la fin du règne de cette mode, c'est-à-dire des moments qui précédèrent la Renaissance. En effet, cette église fut commencée en 1489, sous Charles VIII, par le cardinal de

Savoie, archevêque d'Auch, et ce n'est que
sous Louis XIV qu'elle a été finie.

A gauche, le mur extérieur de l'église a
quelques ornements gothiques fort légers.
La porte au nord est gothique, même avec
des animaux, lions ou léopards, mais vers
le haut de la porte, les ornements ne sont
pas achevés de sculpter.

Un jubé avec huit colonnes corinthiennes
coupe verticalement l'église en deux. Sottise ; jubé à enlever et à transporter, comme
façade, devant quelque petite église qui
en sera toute honorée à cause de la richesse des bas-reliefs dudit jubé.

La grande nef, fort large, est séparée de
ses deux voisines par quatre piliers ronds
de chaque côté. Ces piliers ne sont point
trop gros et semblent élevés par des gens
qui avaient le sentiment de la colonne. Ces
piliers sont garnis en façon d'ornements
de petits pilastres appliqués, larges de
trois pouces, saillants de dix lignes et haut
de cinquante pieds. Reste de l'habitude
d'aimer le gothique.

Vitraux à couleurs vives. C'est la beauté
suprème pour le paysan qui achète dans
les foires les estampes coloriées et pour les
savants chez lesquels la vanité anéantit
le sentiment du beau. Que dire d'un tableau qui n'est pas de Raphaël ou de Michel-Ange ? et même les phrases sur ces

grands hommes commencent à être bien connues. Il y a une énorme fleur de lis en verre jaune au fond du chœur, au-dessus de la chapelle de la Vierge. Cette fleur de lis colossale sent bien son siècle de Louis XIV.

Les chapelles qui bordent les nefs latérales en sont séparées par des piliers ronds, toujours avec petits pilastres appliqués comme ceux de la grande nef. Les voûtes gothiques à nervures sortent de ces piliers, comme une branche du tronc d'un arbre, sans tailloir, ni chapiteau d'aucune sorte. Comme je suis dans l'église au moment où midi sonne, et que le soleil a remplacé la pluie pour un instant, je remarque que l'église n'est pas exactement placée vers l'orient ; elle incline un peu vers le nord-est.

Les voûtes qui sortent des piliers de la grande nef à moitié de leur hauteur, c'està-dire, à celle des nefs latérales, ne sont non plus séparées des piliers par aucune trace de chapiteau.

— Auch.

Ville admirablement située au sommet d'un monticule. Les collines que l'on aperçoit de la promenade sont bien laides.

Elles commencent vers Rabastens, après la jolie plaine couverte de prairies qui borde l'Adour, que l'on a passé en sortant de Tarbes.

César soumit Auch par son lieutenant Crassus. Auguste s'y arrêta à son retour d'Espagne et y laissa une colonie qui se gouverna par ses propres lois et qui nomma ses magistrats. C'est bien plus de liberté que notre constitution actuelle n'en accorde à Auch ; mais les provinces sont si arriérées que la centralisation a encore raison de leur ôter le pouvoir de faire des sottises. Je rapporterai bientôt une conversation à laquelle j'ai pris part hier soir.

Après Auguste, la ville prit le nom de *Augusta Ausciorum* ; de là son nom actuel.

Le Gers coule au pied de la colline couronnée par la promenade publique, la préfecture et la cathédrale, et, comme partout, lorsque le respect des lois a suffisamment banni la peur, il s'est formé sur le Gers une basse ville qui communique avec la ville haute par un escalier nommé *Pousterlo*, qui a plus de 200 marches.

Les environs de la promenade publique, formés par des rues en pente, sont fort bien. J'attribue cela à un bon intendant, dont la figure ridicule est placée à l'entrée

de la promenade d'arbres assez chétifs.
Ce bon intendant s'appelait et se surnom-
mait d'Etigny. Il a le nez de Socrate et
une face de Jocrisse, qui probablement
passait pour de la noblesse aux yeux des
sculpteurs de ce temps-là. Je n'ai pas trouvé de date sur la base de la statue, d'ailleurs couverte d'inscriptions bien curieuses.
Ce sont des extraits des dernières lettres
que M. d'Etigny écrivait au contrôleur
général. J'ai lu ce matin la proclamation
du préfet d'Auch à l'occasion de la fête du
1er mai ; je croyais que rien ne pouvait
être plus plat. Les lettres de M. d'Etigny
rappellent davantage le style de cet excellent M. de Florian, si cher à la bonne
compagnie du siècle de Louis XVI et qui
faisait des bergeries sans loups. Il faudra
que je copie quelques phrases de M. d'E-
tigny. On voit un honnête homme, digne
de ressembler à Socrate, à l'énergie près.

La statue de cet intendant de finances
et de justice a son chapeau à plumes à
gauche, et, à droite, une corne d'abondance
et une roue.

Un officier a la bonté de m'indiquer
comme le meilleur café le café Dairoles,
situé au second étage entre la statue de
M. d'Etigny et la cathédrale. Excellente
conversation des officiers de chasseurs et
de dragons qui viennent prendre leur demi-

tasse à 11 h. et jouer aux cartes. Un seul officier qui a été à Alger ravive l'esprit militaire dans tout un régiment (cóstume incroyable de l'élégant officier Duboin).

TOULOUSE, 25 avril 1838.

Je pensais bien ne pas voir ce qui à Toulouse s'appelle avec une certaine emphase la *Salle des Illustres* au Capitole. Nous voyons quels choix font les Académies. Songez à ce que peuvent être des gens élus par les principaux bourgeois d'une ville !

Le destin vient de me faire passer deux longues heures avec ces Illustres. Quarante jeunes gens appartenant, à ce que dit leur affiche, au Conservatoire de Musique de Bagnères, donnaient un concert et annonçaient des airs montagnards.

Après un tapage, exécuté par la musique militaire du régiment en garnison à Toulouse, les jeunes gens sont arrivés, défilant comme les compères d'un théâtre, en portant deux lampes à l'esprit-de-vin au bout de longs bâtons. Ils avaient tous la main à leur béret bleu de ciel, et, en descendant trois ou quatre marches par lesquelles on arrive à la salle des Illustres, ils étaient sur le point de tomber. Ce con-

servatoire porte des jaquettes couleur ca-
pucin et des ceintures rouges d'un bon effet ; le collet de la chemise est renversé
sur une cravate noire. Tout cela n'est pas
mal ; le chœur aussi n'est pas mal. Ce qui
est incroyable c'est la musique qu'ils ont
chantée. Elle est d'une platitude et d'un
gauche inimaginables. Il faudrait avoir du
génie pour pouvoir se figurer cet excès de
vide. Pas la plus petite idée ; *la Juive* est
une œuvre de génie comparée à cette musique. Pas une étincelle d'originalité. Les
paroles sont dignes de la musique. Dans
les morceaux il est question à tout moment d'Apollon. Quand l'auteur veut être
léger, il s'écrie :

> Si, de mon sort j'étais maître,
> Je voudrais naître
> Un léger papillon.

Ces pauvres jeunes gens ont le mérite
de chanter toutes ces belles choses sans
accompagnement. Leur affiche dit qu'ils
vont à Paris. Quand ils seraient protégés
par tous les journaux, il est impossible
qu'un parterre parisien tolère un tel amas
de platitude et de contresens. L'auteur n'a
eu des allures tragiques que pour parler
d'un contrebandier :

> qui passe malgré les lois.

Je me serais privé des trois quarts de ces belles choses, mais il était impossible de sortir ; la porte était garnie de têtes jusqu'à dix pieds de haut, et le public n'a réellement applaudi avec transport qu'un solo bien plus détestable que tout le reste, mais le chanteur avait fait quelques agréments qui, à ce public, semblaient de la difficulté.

Le maître qui dirige ces pauvres jeunes gens ne leur fait chanter que de la musique de sa composition ; pas un psaume de Marcello, pas un chœur de Weber ou de Bellini. Tous les morceaux finissent *smorzando* comme la valse de Weber. Le plancher de la longue salle des Illustres est horizontal. On n'a pas eu l'esprit à Toulouse d'élever le plancher d'une salle qui servirait pour les concerts. A chaque morceau, et il y en avait douze ou quinze, la musique du régiment faisait tapage, comme elle fait entre les tours d'un escamoteur, ou après que le danseur de corde a fait le saut périlleux. A chaque commencement de morceau chanté, le public qui était au fond de la salle criait *assis* à tous ceux qui étaient plus rapprochés des deux bâtons portant les lampes à l'esprit-de-vin. A Toulouse, on prononce assis, *a-ssi-ce*. C'était drôle ; ce qui eût été charmant, après trois ou quatre répétitions de ce jeu de scène, c'eût été le moyen de sortir ; mais mon imagination n'a rien trouvé.

Toutes les femmes placées près de moi étaient laides. Une fille horrible renversait sa chaise sur mes genoux pour se donner des grâces. Elle avait à ses côtés son amant qui l'adore. Les jeunes gens étaient de petite taille, mais fort bien ; ils ont plus de tournure qu'à Bordeaux.

Une seule ressource pendant ces deux heures mortelles a été ma lunette : j'ai regardé les Illustres et lu les inscriptions gravées sur du marbre noir au dessous des bustes. Les traits de ces gros bustes couleur chocolat, se ressemblent tous, comme le degré de célébrité dont ils jouissent dans le monde.

J'étais placé à côté des bustes de MM. Bunel, Ferrier, Duferrier, de Pins, Saint-Jory, Maran, Fieubet, Catel. L'inscription à la louange de ce dernier m'a semblé caractéristique :

« Ce fut sur son rapport et ses conclusions, adoptées unanimement par les juges, que le fameux athée Vanini fut condamné à périr dans les flammes, circonstance qui suffirait seule pour faire respecter la mémoire de cet illustre conseiller. »

Toulouse a produit deux hommes connus : le célèbre géomètre Fermat ; mais, quoiqu'il fût noble et conseiller au parlement, son mérite apparemment formait obstacle ; il n'a été admis au nombre des Illustres que tout dernièrement, plus de cent ans après sa mort. Toulouse en a usé de même avec le chevalier Deville, l'un des prédécesseurs de Vauban. Quant à Cujas, l'Université de Toulouse, où il était né, refusa une place à ce grand jurisconsulte que se disputaient les universités de Bologne, de Turin et de Bourges.

Les qualités qui constituent le génie sont ce qu'il y a de plus antipathique aux bourgeois ; il faut que la réputation de leurs concitoyens leur revienne de Paris.

Je comptais ne passer qu'une nuit à Toulouse où je suis venu reprendre ma calèche, mais j'y ai trouvé une mission en plein exercice et j'ai consacré trois jours à étudier cette affaire. Je ne placerai point ici le mémoire que j'ai écrit sur cet objet ; je le destine à mon *Histoire de mon temps* que l'on publiera après moi, si on la trouve passable ; je me bornerai à dire que la spéculation est bonne ; le métier est amusant, et, pour le public, c'est un remède tout puissant à l'ennui qui dévore la province. Saint-Etienne où j'ai passé deux heures aujourd'hui[1]...

En écoutant le sermon du missionnaire

1. Ici ce que j'ai vu.

entrecoupé d'hymnes, j'ai trouvé à droite
et à gauche du chœur de Saint-Etienne des
statues de marbre d'un mérite sérieux.
C'est d'abord celle d'un M. de L'Etang conseiller, au midi du chœur, vis-à-vis la
madone avec un enfant charmant. Il y a
dans cette tête une *grandeur sérieuse*, dont,
depuis longtemps, il n'est plus question
en France. Contre le mur du chœur, au
nord, est la statue d'un autre conseiller,
nommé de Porta, qui eut l'honneur de
mourir la même année que Raphaël en
1520. Cette statue représente ce qu'on
appelle au théâtre un *jeune premier.*

Je croirais que Toulouse a eu quelque
rapport avec Rome. Les nombreux tableaux de l'église du Taur sont fort plats
et cependant point aussi mauvais qu'on
les eût faits en France avant et même
après David, je veux dire avant la généra-
tion actuelle. Malgré le poids immense
mis dans la balance par l'Académie, dans
le siècle où ont vécu Léopold Robert et
Eugène Delacroix, tout ce qui a un peu
d'âme ose un peu être soi-même, sauf à
mourir de faim, si l'Académie distribue les
ouvrages.

Toulouse a eu de la religion, comme le
prouvent Vanini et les Calas ; elle a aussi
produit un peintre, je pense inconnu à
Paris. Antoine Rivals, né à Toulouse en

1665, alla de bonne heure à Rome. Mais
hélas ! que put-il y trouver vers 1690[1] ?
Guido Reni et le Guerchin étaient morts.
Le cavalier d'Arpin et autres gens d'Académie y régnaient et vantaient la grâce
noble que le farouche Michel-Ange de
Caravage avait combattue. Mais les églises
qui lui avaient commandé des tableaux
les refusaient comme trop laids.

CARCASSONNE, 27 avril.

L'ancienne Carcassonne est sur une
montagne à côté de la nouvelle. En sortant par la porte de la nouvelle, j'aperçois
l'ancienne sur une éminence, sans savoir
ce que c'est : quelque citadelle ruinée
apparemment ; je n'y voyais pas une
fenêtre. Je vois un petit rond, un village
entouré de ses murs gris et gris lui-même
au milieu de la verdure peu éclatante, il
est vrai, d'une colline sans arbres. Le
temps est froid et couvert comme de coutume ; de gros nuages masquent le ciel ;
il fait beaucoup de vent et très froid ;
il pleut tous les quarts d'heure.
Je sors d'une vilaine rue, attiré par
des chasseurs à cheval qui portent une

---

1. *To see in* Lanzi ou dans la table des *Promenades*.

sorte de béret. Tout à coup je débouche sur un beau boulevard ; la campagne ouverte succède aux tristes maisons ; j'ai passé sans m'en douter une des portes de la ville. Et enfin, vis-à-vis de moi, cette singulière forteresse grise au haut de la colline frappe et attache ma vue. Cela ressemble à une ville aperçue à vol d'oiseau, comme on en trouve quelquefois dans les tableaux.

J'y marche en droite ligne ; j'avais oublié l'Aude ; j'arrive au bord de ce torrent ; j'aperçois le pont dont la masse me plaît au milieu de cette nature si misérable et par ce temps plus misérable encore. Sans doute l'effet eût été tout autre en été. J'abreuve mon âme de mélancolie aux tristes bords de l'Aude, sales et misérables. Enfin je vais au pont, fort étroit. L'essentiel est de ne pas être écrasé par les grosses charrettes qui le descendent comme j'y monte. Elles sont traînées par 4 ou 5 mulets.

Je passe le pont ; je monte à cette ancienne ville ; il me semble monter à l'assaut ; pas un chat sur le mauvais rapide ; les murailles, perchées sur le roc et hautes de 30 ou 40 pieds, sont fortes et sévères ; il n'y paraît pas une fenêtre, pas un être humain. J'entre par la porte, petite et gothique ; silence, dépopulation ; rues larges de huit pieds ; maisons toutes petites, vestiges de gothique ; surtout absence de tout ce qui montre la civilisation ; au lieu de vitres, du papier huilé à beaucoup de fenêtres. Enfin cette idée me vient que je suis au milieu d'une ville du xve siècle.

Cette idée me semble juste. Tout ce qu'on a fait de bien depuis l'an 1500, on l'a fait au nouveau Carcassonne, que je vois là-bas à un quart de lieue d'ici.

A neuf heures et demie du soir j'arrive à Carcassonne ; pluie et vent furieux. J'ai passé la journée sur le canal ; on voit le pays autant et mieux qu'en diligence. Je ne sais pourquoi je m'étais figuré le contraire. J'ai fait cette route en petite chaise et en bateau en 1828. M. Patin était sur le bateau.

Hors des murs de Carcassonne passe l'Aude, assez petite rivière qui a un pont de dix à douze arches. Au delà du pont, sur un monticule s'élève l'ancien Carcassonne. Quand la gentillesse du gouvernement féodal eut cessé de faire peur aux gens de Carcassonne, au lieu de choisir une place pour la nouvelle ville à côté de l'ancienne, ils sont allés l'établir à une portée de canon.

C'est, ce me semble, un mal pour la

nouvelle Carcassonne que l'Aude ne passe pas au milieu.

Du reste, toutes ses rues sont en ligne droite et donnent par les deux bouts sur un joli boulevard, souvent formé par de beaux platanes de 50 pieds de haut. Ces rues étroites sont pavées en pierres pointues, mais, au milieu, coule rapidement comme à Tarbes, un petit ruisseau d'eau fort vive. La place, garnie de magnifiques platanes, doit être charmante en été ; tout y doit être à l'ombre. Au milieu, fort jolie fontaine sculptée, où il ne manque que de l'eau. Le Neptune, tenant un poisson plus gros que lui dont la queue lui sert d'appui, a l'air d'un danseur, mais les nymphes, sculptées en haut relief sur son piédestal, font un effet charmant au milieu de ces magnifiques platanes que je me figure feuillés. Les têtes de ces nymphes sont fort mal, mais les corps sont fort bien. Ce n'est point de la sculpture *raide* et digne, comme le Louis XIV de la place des Victoires.

Mais il faut revenir à cette admirable ville vieille de Carcassonne, bien autrement intéressante que la nouvelle. Le voyageur qui veut se faire une idée des villes de France au XVe siècle en a ici une excellente occasion.

Je vois toujours les villes avant de lire

aucun itinéraire et avant d'aller voir mes correspondants. C'est à cette habitude que je dois l'extrême surprise que m'a causée le vieux Carcassonne quand, sortant par hasard par une porte, de nouveau je l'ai aperçu sur un monticule solitaire au delà de l'Aude.

La surprise est allée jusqu'au vif plaisir quand, errant au hasard dans cette ville du xve siècle, j'ai demandé l'*iglesia* et qu'une jeune femme aux beaux yeux m'y a conduit. Jamais peut-être je n'ai mieux senti l'élégance charmante du gothique. Le chœur de Saint-Nazaire (c'est le nom de cette église, comme je l'ai appris d'un prêtre de Saint-Vincent une heure plus tard), l'intérieur de ce chœur, dis-je, est du plus élégant gothique qui est relevé par le fond *roman* de la nef.

Ce récit eût été pénétrant si je l'eusse fait à Saint-Nazaire ; mais je suis harassé, épuisé, trempé de sueur et il fait froid.

NARBONNE, dimanche [29] avril.

Arrivé à 11 h. et demie de Carcassonne et en 5 h. et demie (7 fr. Coupé).

Ville aussi gaie que Carcassonne est triste, mais c'est la patrie du vent. Je viens d'être obligé de renoncer à passer par une petite rue contre la cathédrale au nord. Le vent me lançait de petites pierres à la figure de façon à me faire mal ; de plus, j'ai craint qu'il ne me renversât.

Eglise magnifique si elle était finie. Élévation prodigieuse de la voûte du chœur. Admirable simplicité et élégance des piliers (botte d'asperges). Trois nefs fort larges ; malheureusement il n'y a de fini que le chœur ; la grande nef est à faire. Deux archevêques ont entrepris cet ouvrage pour lequel il fallait la ferveur et l'amour de bâtir qui distinguaient le XIIIe siècle.

La partie qu'on a essayé de bâtir est louée à un tonnelier qui a fermé sa porte prudemment, comme il m'a vu disposé à entrer dans l'espèce de cour à ciel ouvert et entourée de pilastres à demi élevés, où apparemment il construit ses tonneaux.

On entre dans cette église sublime par une petite porte près de l'extrémité du chœur, nef de gauche. Outre les deux nefs latérales, il règne entre les piliers de ces nefs et les piliers qui séparent entre elles les chapelles, une sorte de petit rudiment de nef de trois pieds et demi de largeur.

Près de la porte d'entrée, joli tombeau d'un chevalier horriblement laid. Cela est nu, clair et donne une idée complète de l'individu qui est à genoux. Il est entouré de deux colonnes torses et les ornements sont de la Renaissance. Mais je n'ai pu découvrir le nom de ce brave homme, si complètement laid.

A la chapelle qui suit, tableau de l'Ange gardien qui fait plaisir à voir.

On ne sait comment s'y prendre pour voir l'église. Ce chœur sublime est séparé de la nef par un mur de mauvais goût surmonté d'une sorte de galerie en bois ; le tout s'élève à 18 ou 20 pieds.

Contre cette séparation, il y a quelques ornements de la Renaissance ; j'y ai remarqué six petits moines d'un pied de haut, dans le genre de ceux de Dijon ; mais la figure de ceux de Narbonne est atroce ; les draperies passables.

Cette cathédrale fut commencée en 1272. Le chœur, les chapelles qui forment le chevet et les deux grosses tours furent terminées en 1332. Elle est sous l'invocation de saint Just et de saint Pasteur ; la voûte du chœur est à 122 pieds d'élévation. En 1708 et 1772, sous le règne de Voltaire, deux archevêques voulurent bâtir la nef. On dit que le chevalier à genoux, si laid, s'appelait Lasbordes.

Les deux tours qui surmontent Saint-Just manquent de légèreté ; il y a un mur crénelé.

Le canal de la Robine divise la ville en deux portions et fait fort bien fonction de rivière.

La situation de Narbo plut aux Romains qui y envoyèrent une colonie, l'an de Rome 534. Ce fut, dit-on, la première colonie des Romains dans les Gaules Ce qu'il y a de sûr, c'est qu'ils donnèrent son nom à toute la contrée qui s'étend des rives du Rhône aux Pyrénées. Les Romains réunissaient dans le port de Narbonne, aujourd'hui à dix lieues de la mer, les troupes qu'ils lançaient sur l'Espagne. Auguste y tint l'assemblée générale de toute la Gaule.

Les Wisigoths, les Sarrazins s'en emparèrent ; Charlemagne y régna, puis les Normands ; les vicomtes de Narbonne se firent héréditaires vers 1180, puis cette ville fut inondée de sang pendant la croisade contre les Albigeois. Depuis Louis XII elle est réunie à la France.

En 1566, on trouva dans les fondements des anciens murs de la ville les tables votives, monument de flatterie des gens de Narbonne envers Auguste. Ce monument est de l'an XI de l'ère chrétienne ; il est placé dans la cour de l'ancien archevêché ; on y trouve en détail la plus ignoble flatterie :

« Chaque année, le 9 des calendes

d'octobre, le jour où le bonheur du siècle a donné ce prince à la terre pour la gouverner, trois chevaliers romains d'origine plébéienne... immoleront des victimes... et le 7 des ides de janvier, jour où il commença son empire sur toute la terre, ils le supplieront en lui offrant de l'encens et du vin ; chacun d'eux immolera des victimes. »

La seconde partie de l'inscription m'a plus intéressé parce qu'elle contient les paroles sacramentelles de la dédicace prononcée sans doute par le prêtre seul. On y voit que ces autels avaient le droit d'asile. Les curieux trouveront ici les lois sous lesquelles on pouvait dédier un autel et sous quelles conditions on pouvait l'orner, l'augmenter, le transférer et lui faire des dons.

Lorsqu'on répara les murs, sous François Ier, on y ajouta trois bastions, ceux de Saint-Félix, de Saint-Côme et de Saint-François. Ils reçurent tous les fragments antiques recueillis à cet époque. Ces monuments sont rangés sur deux lignes.

M ONTPELLIER [1].

Le... [2] à minuit, je suis arrivé à Montpellier, bien fatigué. Je m'ennuyais depuis le départ de Mèze, à huit heures du soir. Pourtant le temps était superbe et une lune magnifique éclairait le paysage. Autrefois dès que j'étais seul, je rêvais à des aventures d'amour tendres et romanesques plutôt que flatteuses pour l'amour-propre. Depuis, je suis devenu moins sot ; j'ai appris ce que vous savez, — mais je l'ai appris lentement, — qu'il faut surtout intéresser l'amour-propre et, avant tout, cacher, comme le plus funeste des désavantages, la passion que l'on pourrait sentir. Si l'on est tellement sûr de vous, on ne songera plus à ce qui peut vous rendre aimable.

Cette belle science m'a rendu peut-être moins gauche dans l'occasion, quoique

1. Dates exactes. Parti de Narbonne à 11 h. ½ avec un voyageur, monsieur grand, que je ne daigne pas regarder et que je prends pour un Anglais. C'est un vieux Français timide et enfant gâté, sans doute, qui se fâche pour faire montre de caractère. — Parti de Béziers à 3 heures ; à Pezenas vers 5 heures. Nous y arrivons au grand galop à cause de la concurrence. Arrivé à Mèze à travers le...* à 7 heures. Dîner de sauvages ; commis-voyageurs qui trouvent leur dignité offensée ; ton terrible de ces messieurs. Arrivé à Montpellier le dimanche soir comme minuit sonne. Chambre infâme au Cheval Blanc (Grande-Rue).

* Un mot illisible : *lavis* ou *gave*. N. D. L. E.

2. En blanc dans le manuscrit. N. D. L. E.

je le sois toujours beaucoup, mais elle m'a volé mes charmantes rêveries de voyage. Maintenant je songe aux arts, ou aux campagnes de Napoléon. Ce dernier sujet est triste pour moi ; je me vois tombé dans une époque de transition, c'est-à-dire de médiocrité ; et à peine sera-t-elle à moitié écoulée, que le temps qui marche si lentement pour un peuple et si vite pour un individu, me fera signe qu'il faut partir. J'étais bien plus fou, mais bien plus heureux quand, sans en rien dire à personne, et déjà grand garçon et donnant des signatures officielles, je songeais toujours aux passions que je me croyais à la veille de sentir et peut-être d'inspirer. Les détails d'un serrement de mains sous de grands arbres, la nuit, me faisaient rêver pendant des heures entières ; maintenant j'ai appris à mes dépens, qu'au lieu d'en jouir il faut en profiter sous peine d'en être aux regrets deux jours après. Hé bien ! je voudrais presque redevenir une dupe et un nigaud dans la réalité de la vie, et reprendre les charmantes rêveries si absurdes qui m'ont fait faire tant de sottises, mais qui seul, en voyage, comme ce soir, me donnaient des soirées si charmantes et qui, certes, ne pouvaient porter ombrage à personne.

Depuis que je sais faire un peu cette guerre, je dédaigne souvent d'entrer en campagne ; un rien suffit pour m'inspirer du mépris. Je me gourmande, un an après, d'avoir méprisé ; mais ce sentiment est plus fort que moi, dans le moment sur le champ de bataille, et la raison, pour me consoler de cette malheureuse facilité à mépriser ce qu'il eût fallu aimer, vient me répéter ce qui est faux, c'est qu'à un certain âge il ne faut plus aimer. Tant qu'on est capable d'aimer pour son esprit charmant, pour sa naïveté parfaite, une femme parfaitement bête ou souverainement comédienne, tant qu'on peut avoir une illusion complètement absurde, on peut aimer. Et le bonheur est d'aimer bien plus que d'être aimé.

Arrivé à Montpellier dans une remise hideuse, à peine éclairée par deux mauvaises lampes, il faut *régler* avec le conducteur. Régler est un terme délicat pour payer. Or plusieurs voyageurs ne voulaient pas payer.

Ce spectacle ignoble est trop fort pour moi ; au lieu de goûter ces détails comiques, comme eût fait Gil Blas, je suis allé regarder les étoiles et chercher la grande et la petite Ourse, ce qui conduit à l'étoile polaire. Ces détails me font horreur et je baisse les yeux comme devant un spectacle atroce.

Ensuite, il a fallu déballer la diligence, puis reconnaître les effets. A ce moment, il y a des traits de grossièreté uniques. Mais, tout compte fait, j'aime mieux supporter ce quart d'heure et avoir tout le long de la route le spectacle de l'humanité. Je le préfère à la conversation de mon domestique. Je me souviendrai longtemps de la journée fameuse pour moi, de Tarbes à Agen. J'ai entendu là dire naïvement des choses que, pour tout au monde, je ne voudrais pas croire si on me les racontait, et cela par des personnes assez bien placées dans la société.

Vers les une heure, à Montpellier, on me conduisit dans une auberge située dans la Grande-Rue. Ce matin, en m'éveillant, je trouvai que la fenêtre unique de ma chambre donnait dans une rue qui peut bien avoir six pieds de large ; et la maison vis-à-vis a cinq étages.

Je suis sorti pour chercher un café passable ; je n'ai trouvé que des pharmacies. En effet Montpellier est le pays des médecins et, par conséquent, des malades riches. Tous les Anglais poitrinaires, mélancoliques, viennent y mourir. Enfin j'ai surmonté une répugnance à adresser la parole à des inconnus et demandé à de beaux messieurs *sur le pas* de leurs boutiques l'adresse d'un bon café. Chacun m'a indiqué le sien

et je suis allé demander une demi-tasse de
café dans des cafés vraiment incroyables.
Dans la suite, je me suis aperçu qu'il
n'y a point de café passable à Montpellier.

Je suis allé à l'hôtel le plus achalandé
de la ville. Là comme je n'arrivais pas
en poste, une grande femme sèche m'a
reçu avec une froideur piquante pour
mon amour-propre. Mais qu'importe! me
disais-je, en faisant placer mes malles
dans une charmante chambre à trois
fenêtres au premier, qui donne sur la rue
et sur un jardin.

L'indiscrétion d'un domestique m'a fait
connaître le nom du café à la mode. J'y
ai couru, mais hélas! mes désirs ne
connaissant plus de bornes, j'ai demandé
de l'eau chaude. J'avais dans ma poche
une provision d'excellent thé de Kiancha,
lequel n'a jamais vu la mer, cadeau de
l'aimable madame de Boil... J'ai retrouvé
la scène dont le récit a peut-être ennuyé
le lecteur, l'an passé, à Tours. Toutes
ces villes de l'intérieur de la France
se ressemblent ; même impolitesse, même
barbarie. Il a fallu finir par déjeuner avec
du café-chicorée et du lait de chèvre, je
pense. Le beurre n'était pas mauvais,
quoique singulier ; il ressemblait à de la
pommade et était blanc.

Ce café donne précisément sur l'Espla-

nade ; il y avait foire et, de plus, grandes
manœuvres, à l'occasion du 1er mai.
Soleil superbe et vent assez froid pour
être désagréable ; je n'en ai pas moins
passé là deux heures à voir manœuvrer,
et, je le dis à regret, assez mal. Les officiers
sont instruits, mais ces pauvres soldats
sont mous, timides, ennemis du mouvement. Les soldats de cavalerie ont la tournure militaire et ont été très bien. Comment
dire poliment le malheur qui m'est arrivé ?
J'ai trouvé la population bien vêtue qui
assistait à la parade, de petite taille, mesquine et enfin, pour trancher le mot, bien
laide. Sans doute j'étais mal disposé.

Quelques jours plus tard, j'ai eu une
sensation absolument opposée à Marseille.

Cette esplanade est fort agréablement
placée sur une petite éminence, qui se
termine par la citadelle que Louis... fit
élever comme un fort détaché pour conte-
nir la ville un peu sujette à la révolte.
L'exemple des républiques d'Italie avait
jeté de mauvaises idées dans le Midi, qui,
d'ailleurs, ne fut jamais aussi abruti
que le Nord.

Cette esplanade donc, située entre la
ville et la citadelle, domine la campagne ;
à ses deux extrémités, on a la vue d'une
suite infinie de petites collines sèches,
plus ou moins plantées d'oliviers. Elle-

même est plantée de petits arbres membrés bas, et affectant un peu trop la forme du chou ; ils n'ont point encore de feuilles, tandis que quelques marronniers placés autour d'un bassin sont couverts de fleurs et charmants.

Il faudrait enlever deux ou trois pieds de terre du centre de cette esplanade pour que le public pût jouir des manœuvres, courses, etc. ; mais peut-être le *génie* qui s'ennuie en province et tyrannise les pauvres villes de l'intérieur, s'y opposerait vivement.

Je suis entré au Musée Fabre qui donne sur l'esplanade et termine la ville de ce côté. J'ai entrevu jadis ce personnage gascon chez Mme la comtesse d'Albany à Florence. L'on disait que sa présence là avait fait mourir de chagrin le sombre Alfieri. Alfieri était né pour mourir de chagrin de quelque chose, même quand son ancienne amie ne lui eût préféré personne. A la mort de la princesse, M. Fabre eut une jolie collection de tableaux, qu'il eut l'esprit de donner de son vivant à sa ville natale, Montpellier, et il fut honoré comme un dieu par le patriotisme de localité. Il y a quelques années, qu'allant aux forges catalanes des Pyrénées pour les premiers fers que nous ayons vendus en Alger, je vis M. Fabre au milieu de son

Musée *umile in tanta gloria*. C'était une bonne figure pour faire de la modestie. On peut juger. Son buste et son portrait, fort ressemblants, sont dans la principale salle de son musée.

On dit, je pense, qu'on a construit ce musée pour les tableaux ; en ce cas pourquoi ne pas bâtir une tour ronde avec une lanterne au milieu ?

Au lieu de cela, ce sont de jolies salles fort bien éclairées par des fenêtres ouvertes près du plafond ; mais souvent les tableaux ont un jour double, souvent le vernis leur fait faire l'effet d'un miroir. Beaucoup sont placés trop haut, et enfin, au-dessus des tableaux, entre les fenêtres, on a peint de grands sphinx nigauds, de couleur trop brillante.

Les architectes de province, toujours ingénieux, n'ont pu se déterminer à placer là une teinte plate, gris sale. C'est cependant ce qu'il fallait sous peine d'éteindre les couleurs des tableaux.

Je me hâte de courir au fameux portrait d'un beau jeune homme à cheveux blonds par Raphaël. Hélas ! il me semble encore plus repeint qu'en 1831.

Ce jeune homme de vingt ans (notice 53) a l'air de savoir qu'il passe pour joli garçon, genre d'expression qui devait choquer profondément l'âme simple et tendre de Raphaël. « Il a sur la tête une toque noire ; ses longs cheveux blonds sont coupés carrément à la hauteur des épaules. Sa veste noire est nouée sur la poitrine avec un ruban de même couleur ; son manteau noir est jeté sur l'épaule gauche et retenu par la main droite. »

La notice ajoute : *Ce portrait peint sur bois est de la seconde manière de Raphaël.*

Belle lumière venant d'en haut ; pour le tableau il fallait une lanterne au milieu du plafond et non ces fenêtres qui jettent du jour des deux côtés.

Il y a une grosseur peu explicable en dessous de l'oreille.

La main seule est de la couleur de Raphaël. Les couleurs du front et surtout de la bouche ont été gauchement appliquées ; elles sont trop fraîches pour être de 1520 ; on ne pourrait pas citer un tel exemple de fraîcheur après 318 années. La couleur de la main n'est pas la même que celle du front. Ce portrait impatiente, soit par la fatuité de ce beau garçon et la petitesse de son âme, soit par la tentation de nous prendre pour dupes, tentée par le peintre. Est-ce un pastiche de Raphaël, ou un tableau presque perdu et repeint entièrement, à l'exception de la main ? Le grand nom de Raphaël trouble toujours un peu. Pour décider la question, il faut un de ces accoutumés de longtemps à ne voir dans Raphaël que de l'argent. J'écouterais donc sur cette œuvre l'avis d'un marchand de tableaux. J'en connais un à Florence parfaitement honnête.

Il offrait un jour à un peintre un petit Giotto :

— Je l'achèterais, car il est divin, dit naïvement celui-ci.

— Comment, Monsieur, un homme tel que vous sans argent ! Faites-moi l'honneur d'accepter en prêt cette petite somme de 20 écus (106 fr.). Un pauvre diable tel que moi n'est pas riche.

Le peintre eut bien de la peine à se défendre de cette singulière proposition, sans offenser ce brave homme. Un marchand de Bologne ou de Venise se connaît moins en Raphaël. J'invoquerai aussi le témoignage de M. le comte D. de Pérouse qui, pour acheter des dessins de Raphaël, porte un habit troué au coude ; et les cadres de chacun de ses nombreux tableaux coûtent 3 ou 400 francs ! J'ai vu chez M. D. un saint Jean du Poussin : c'est la plus belle couleur de ce peintre que j'aie jamais vue.

Mais revenons au Musée Fabre. Vis-à-vis du beau jeune homme fat et bas, on voit la grande figure d'un homme aux yeux gros et couverts. Le livret nous dit

que c'est le portrait d'un Médicis, duc
d'Urbin, un frère de Catherine de Médicis,
cette reine qui apporta le poison en France.
Ce Médicis, qui ne ressemble ni à Jean des
Bandes Noires, ni au fameux Laurent, ni
à ce Côme, nommé si plaisamment père
de la patrie, ni à Côme premier, grand
duc, « est coiffé d'une toque noire ornée
d'une médaille en or. Sur un justaucorps de
drap d'or, il porte une pelisse rouge fon-
cée, brochée en or, et à larges manches.
De la main droite, il tient un bijou d'or,
la gauche est appuyée sur le côté ; il a
un poignard à la ceinture ; le fond du portrait est vert. Ce tableau, de la dernière
manière de Raphaël, ajoute la notice, est
peint sur bois ; Vasari en parle dans la vie
de ce grand peintre ; il en existe deux copies
à la galerie de Florence. »

Hélas ! je vais passer pour un homme
méchant, toujours par suite du même vice :
le sot amour pour la vérité qui fait tant
d'ennemis.

Toute l'Europe a cru pendant un siècle
ou deux que le portrait de la Fornarina,
qui est à la tribune de Florence, est de
Raphaël. Je pense qu'il est d'un peintre
de l'école de Venise, auquel j'attribuerais
aussi ce second Raphaël du Musée Fabre.

Ma méchanceté ajoute que la main
seule pourrait être peinte par Raphaël ;

encore est-elle plus dans le style de l'école
de Venise qu'aucune main dans les tableaux
bien connus pour être de Raphaël. Cette
main est peinte plus vite, plus chaude-
ment ; elle vise plus à l'effet. La comparer avec la main du beau jeune homme qui
est vis-à-vis et que je trouve tout à fait
de Raphaël. La saillie de l'os du bras
dans la main droite de ce duc d'Urbin,
est trop rapprochée de la première saillie
du petit doigt. Tout près est une excellente
copie de la *Madonna della Seggiola* par
M. Fabre. Il y a bon nombre de tableaux
de lui dans ce musée et quand il ne copie
pas David et Talma, il est bon.

Si l'on veut sentir tout le mérite de
M. Fabre, il faut se faire mal aux yeux un
instant et regarder Tullius qui fait passer
son char sur le corps de son père (n° 65),
par M. Dandré Bardon. Voilà où en était
l'école française en 1783. La délicatesse
monarchique n'admettait plus qu'un tiers
des mots de la langue dans le style du
théâtre. Si cette monarchie eût continué,
nous serions, je pense, arrivés à la politesse chinoise. Un faiseur de paradoxes
pourrait soutenir que c'est par égoïsme
que David a aimé la liberté et ses excès.
Il est certain que la société des gens qui
adoraient les vers de l'abbé Delille ne
pouvait goûter ses tableaux.

Nº 251. La mort de sainte Cécile, charmant bas-relief par le Poussin, est peut-être le meilleur tableau de ce musée. Vous avez vu à Rome la salle de bain qu'on chauffa à l'excès pour faire périr cette jolie sainte ; on espérait qu'elle serait suffoquée par la vapeur de l'eau bouillante. Elle résista miraculeusement à cette première épreuve ; alors, on décida de lui trancher la tête ; elle reçut trois coups de glaive sans qu'on parvint à lui couper la tête ; cependant elle mourut de ses blessures. Qui ne connaît l'admirable et originale statue de sainte Cécile au couvent de ce nom dans le Transtévère ? Cette sculpture rappelle Raphaël par l'expression des nuances.

Cette statue a sans doute piqué d'honneur le Poussin. Admirable raideur de la cuisse gauche de la sainte ; ce trait de nature vaut seul tous les tableaux du Poussin, de 12 pieds de côté, que nous avons à Paris.

La figure de sainte Cécile a dix têtes. De saintes femmes ramassent son sang avec des éponges ; un pape bénit la sainte qui meurt. J'ose dire que ce sont là deux actions ridicules, et qui ravalent à nos yeux la mort sublime de cette jeune fille sacrifiant sa vie à un sentiment, à cet âge et avec cette beauté.

Il y a bien du naturel dans l'esquisse du Poussin (n° 255) Rebecca donnant à boire à Éliezer, mais les couleurs ont rougi. C'est le style des *Noces Aldobrandines*, alors fort à la mode parmi les savants et les pédants. Vous trouvez ce mot dur, je parie : on les préférait à Raphaël.

Bon portrait de Clément IX attribué au Poussin. Petite tête d'ange charmante par le Baroche ; aussi on l'empoisonna tout jeune ; il survécut, et, depuis, fit des chefs-d'œuvre, mais il fut toujours souffrant.

J'ai admiré trois excellents paysages de M. Boguet à qui il n'a manqué que de l'intrigue pour être le premier paysagiste de France. M. Boguet vit à Rome depuis 60 ans ; dans le fait, c'est un élève de Claude Lorrain et le meilleur. Je lui reprocherais ceci : les clairs et les ombres de ses premiers plans ne sont pas assez forts.

N° 66. Décollation de saint Jean par Daniel de Volterra, tableau bien original ; c'est ce qu'on appelle un parti nouveau dans un sujet si *hackneyed*.

N° 92. De Van Dyck, une belle main bien aristocratique, tenant la garde d'une épée, reste d'un portrait détruit par un incendie.

N° 106. Sainte Marie Égyptienne horrible, vieille, d'autant plus horrible que l'on voit qu'elle a été belle. Les mains seules sont grossières et hors de nature.

Nº 139. Bon Fra Bartolomeo fort agréable, mais est-il bien original ? A côté, charmant petit portrait d'Alfieri.

Nᵒˢ 155, 156, 157. Excellentes copies de Gaspre par M. Fabre.

Nº 167. Portrait de Pétrarque attribué au Ghirlandajo. Physionomie d'un dur pédant, homme riche ; rien de l'auteur du premier sonnet.

Nº 173. Torquato Tasso par M. Granet ; le Montaigne a l'air d'un curé de campagne, mais le Tasse est excellent.

Nº 180. Du Guerchin, belle tête de femme.

Nº 188. Charmante jeune fille regardant le ciel, attribué au Guide.

Nº 215. Portrait du cardinal duc d'York par Mengs. Bien l'air poli et hébété d'un prince jeune qui songe aux convenances.

Nº 238. Bonne et excellente vue d'une voûte d'église éclairée par des flambeaux ; donne bien l'idée de l'immensité.

Nº 242. L'Enfant Jésus et la Vierge de Parmesan, charmant, mais peut-être copie ; placé trop haut pour décider ce point.

Nº 274. Bien curieux portrait de M. de Bâville, intendant et tyran du Languedoc, comme dit Saint-Simon. Figure pleine, noble, bête et digne, comme celle du portrait de Racine. Ce portrait est placé à quinze pieds ; il devrait être à la hauteur de l'œil. On le gravera pour quelque édition future du Tacite français.

Nº 301. Jolie vierge du Sodoma.

Je passe sous silence une foule de petits tableaux médiocres. Ce musée, fort joli, n'a pas de grands tableaux bien sûrs des bons maîtres ; bien inférieur à celui de Marseille. Je donnerais cinquante tableaux estimables du Musée Fabre pour le *Sauveur* du Puget et pour l'*Assomption* de Louis Carrache, si remplie de défauts, qui est à Marseille. Je ne dirai pas aux échevins de Montpellier que pour 4 ou 5.000 francs on a de vrais Carrache à Bologne.

J'ai trouvé, après, deux bons portraits d'un peintre de Montpellier ; entre autres un personnage âgé portant la croix de saint Louis qui *se rebiffe*, si l'on me permet ce mot d'atelier.

Nº 338. Statue représentant l'Été, admirable de ridicule. Voilà pourtant ce que la bonne compagnie adorait du temps de l'abbé Delille.

Nº 342. Tête de muse par Canova ; figure charmante mais un peu *bestiole* comme on dit à Milan ; quatre plis horizontaux au cou, que je ne saurais approuver.

Bon portrait de l'aimable Canova par M. Fabre. Le pied de marbre seul est manqué.

Beau paysage de M. Brascassat ; vaches et bœufs dans le genre de Paul Potter ; plus de chaleur.

M. [Valedau][1], homme riche de Paris, a laissé à ce musée beaucoup de tableaux de l'école hollandaise, dont je me dispense de parler, ne les aimant guère. C'est pour moi comme la musique de piano en musique. Admirable collection de dessins ; un dessin de Raphaël : c'est un jeune homme qui s'appuie sur une fenêtre pour regarder de côté. J'ai compté sur ce dessin seize lignes qui semblent de l'écriture de Raphaël et le brouillon d'un poème ; mais on a eu la gaucherie ou la prudence de placer ce dessin à huit pieds de haut ; il devrait être vis-à-vis l'œil du spectateur. Rien de facile au reste, comme de faire un faux de l'écriture de Raphaël. J'ai rencontré une fois 80 lettres ou sonnets du Tasse...

Au milieu de toutes les affectations provinciales, l'âme est rafraîchie par la vue de tableaux italiens et par le feuillage d'un grand arbre non taillé.

1. Stendhal a laissé ce nom en blanc. M. Royer indique en note que le legs est du 11 février 1836. N. D. L. E.

— 1ᵉʳ mai 1838.

La bêtise des provinciaux est chose incroyable. On a beau le dire ; quand on
veut être matériellement bien, il ne faut
pas quitter le boulevard ; ailleurs on ne
doit chercher que la sensation du moment.
On est surpris. Par exemple, j'achète à
Bayonne des bâtons de ce fameux chocolat
destiné aux voyageurs ; ils sont gros et
longs comme le doigt. Hé bien ! il faudrait
en voyage les mettre en entier dans la
bouche, attendu qu'on ne peut les casser
sans des coups de marteau très forts.

Ce matin encore, le vent était froid ; en
partant j'ai eu la témérité de vouloir
déjeuner avec du thé. J'en ai pris dans le
paquet que m'a donné M. C. et me suis
acheminé vers le meilleur café de Montpellier, dont enfin je suis parvenu à me
faire dire le nom, non sans cependant avoir
été trompé plusieurs fois.

Là je me suis livré à des travaux
d'Hercule pour avoir de l'eau chaude,
mais je n'ai pu réussir ; j'ai pris du thé
à l'eau tiède par ce froid.

Illumination de l'esplanade, mais le
vent froid d'est me fait fonction de
mistral et gâte tout pour moi.

Montpellier est une des laides villes

que je connaisse, mais d'une laideur à
elle, qui consiste à n'avoir pas de physionomie ; on monte et on descend sans
cesse ; ce sont de petites rues étroites ;
jamais 25 toises en ligne droite. Les maisons sont en pierres et en général ont
trois étages, mais petites, mesquines,
sans aucune physionomie. Pas d'églises ;
une cathédrale ridicule ; mais une des plus
belles promenades du monde et où, tôt
ou tard, on mettra des arbres, car ceux qui
sont au Peyrou sont en si petit nombre
qu'ils ne font pas masse d'ombre.

Partir le 3 mai à 11 h. pour Nîmes,
car il faut passer à Nîmes pour aller à
Arles [1].

MARSEILLE, le 7 mai 1838 [2].

Hier, dimanche, à 9 heures du soir,
je suis arrivé des Martigues, bien fatigué.
Ce matin, j'ai flâné avec délices dans cette
jolie ville.

Les portes d'entrée des maisons me

1. Où est Arles ? A faire le canal, le délicieux lac des
Martigues, la singulière vue des Pennes.
2. Du 6 mai au 29, séjour on peut dire charmant, si l'on
excepte la pluie des premières journées. Arrivé le 6 mai,
je m'en arrache le 29 après 23 jours, dont 7 ou 8 passés à
Grasse, Cannes, Fréjus. — Le 29 aller à Saint-Rémy pour
le monument ; de là Tarascon et le lendemain Beaucaire.

rappellent celles de Londres. Elles sont petites, en joli bois ciré, garnies de serrures et de petits marteaux de laiton bien propres, élevées de deux marches sur le trottoir, lequel est séparé de la rue par un petit ruisseau d'eau claire, coulant fort vite, car toutes les rues sont en pente. Il est bien entendu que je ne parle que de la nouvelle ville ; je l'ai déjà dit, on ne va dans l'ancienne que pour se cacher.

Si Bordeaux est la plus belle ville de France, Marseille est la plus jolie. Elle doit cette qualité à certaines allées de platanes, plantées au fond d'une vallée fort évasée qui se trouve au centre de la ville et qui monte doucement. C'est la continuation du port, et, en goûtant le frais et l'ombre sous des platanes de 60 pieds de haut et de deux pieds de corps, on aperçoit des mâts de vaisseaux et les courtines du fort Saint-Nicolas. J'avoue que, quand il fait un beau soleil, il n'y a rien de comparable aux allées de Meilhan. Le haut des allées est formé par quatre rangs de vieux ormeaux de toute hauteur. Les passages pavés sont là le long des maisons. De ce point, partent des allées de platanes qui vont dans la campagne vers Saint-Just et la Madeleine et que la chaleur m'a empêché de pousser à bout.

J'ai vu l'église de Saint-Vincent-de-Paul,
moderne et fort plate. Avec la gaîté de
ces allées de platanes et les traits fiers
et grecs des Marseillaises, il fallait ici
un temple antique, ou, du moins, une de
ces églises élevées à la façon de Palladio,
comme San Fedele de Milan, ou San
Nicola di Tolentino à Rome.

La rue Noailles, qui va du cours aux
allées de Meilhan, quoique assez étroite,
a deux trottoirs, deux ruisseaux ; mais à
tout moment, on est obligé de régler son
pas sur celui des personnes qui sont devant
vous. Cette presse rappelle Paris et la rue
Vivienne. Marseille a aussi des cabriolets
qui pourraient vous écraser, des omnibus,
etc., etc. ; mais le pavé n'y est jamais mouillé,
et toujours deux ruisseaux coulent rapidement aux deux côtés de la rue. Beaucoup de maisons ont de petits jardins où
il y a de fort grands arbres, ou, au moins,
la vue de ces jardins. C'est tout simple ;
il s'agit d'une ville non pas bâtie par le
hasard et l'intérêt particulier, mais dessi-
née par la main de la raison vers 1780.
Les îles de maisons ont la forme d'une
carte à jouer, ou d'un carré et le centre
est resté en jardin.

Dans la saison chaude, la porte de la
rue reste entr'ouverte, ce qui établit un
courant d'air charmant avec le jardin, et,

en même temps, on a de l'obscurité. C'est, comme on le voit, tout ce qu'il est possible de souhaiter. Aussi l'on habite beaucoup le rez-de-chaussée ; les fenêtres ont des grilles qui font ventre sur la rue et permettent de s'y placer. En un mot, la vie matérielle, quant à la position du corps, est absolument l'opposée de celle de Paris. Les hommes passent leur vie dans les cercles et beaucoup de ces cercles ont des jardins.

Si le lecteur est à Marseille, il trouvera que je ne dis pas assez de bien de ce climat et de cette position physique de la vie ; mais si le vent du nord-ouest (mistral) s'élève, il maudira Marseille et ne songera qu'à le quitter. En ce cas, on se lave les mains et la figure avec de l'huile d'amandes douces.

Marseille, 9 mai. *La Tourette et la Major.*

Si j'habitais Marseille, je braverais la mode qui, dans ce pays du naturel, n'a pas grand empire, je pense, et j'irais me loger à la Tourette. C'est une terrasse magnifique, élevée de cent pieds au-dessus de la mer ; et l'on n'en est séparé que par un précipice naturel : aucun établissement industriel, aucune idée d'utilité, rien de

petit. Un vieux mur en décadence sépare
seul de la mer profonde.

Cette terrasse de la Tourette, où je viens
d'être mouillé à fond (mon parapluie
ayant été oublié à l'hôtel du Nord à Arles)
forme l'extrémité de la vieille ville. La
Tourette est en proie au mistral le plus
violent (le vent du nord-ouest) et l'on se
trouve ici à 20 minutes du théâtre et des
beaux quartiers, mais la route naturelle
pour s'y rendre est ce joli quai de la
Bourse, le plus vivant et le plus gai de
France.

Cette terrasse de la Tourette était, je
pense, au milieu du Marseille assiégé par
César. On suppose que la mer s'est empa-
rée d'une grande partie du sol de cette
antique cité. La *vieille ville* à Marseille,
située sur la colline à l'ouest du port, est
fort grande, mais l'on n'y va jamais. A
chaque pas, grâce au préfet Thibaudeau
(l'historien), on y trouve des bornes-
fontaines et de petites places remplies
par le feuillage de trois ou quatre magnifiques platanes. Cet arbre, à la mode en
Grèce, dont le feuillage ne fait pas masse
et n'intercepte pas la vue, convient fort
bien le long des maisons.

Les rues sont étroites dans cette ville
vieille, et, comme elle occupe le sommet
et les pentes d'un monticule, il faut sans

cesse monter et descendre. Il y a de jolies échappées de vue, soit vers Notre-Dame-de-la-Garde, soit vers la mer. Ces rues sont un peu plus laides que celles de l'intérieur de Montpellier, mais je les préférerais de beaucoup, à cause des échappées de vue. Tous les troisièmes étages doivent être agréables.

Les habitants vivent dans la rue comme à Naples. Ils m'indiquent avec obligeance le chemin de la Major, mais on a peine à me comprendre. Il faut dire la *Majour* et tous les féminins se terminent en *o*. Je comprends tout par le souvenir de l'italien, mais parler est une autre affaire.

Cette *Major*, où j'arrive enfin, et que les savants établissent être les ruines d'un temple de Diane, comme l'église d'Ancône (est-ce de Diane à Ancône ?) n'est qu'une pauvre église de village, absolument indigne de toute description. On y entre par la seconde chapelle à droite. La place de l'entrée est occupée par un orgue. Je trouve trois nefs, des arcs en plein cintre et des piliers dont la coupe serait terminée, de tous les côtés, par des angles droits ; donc église romane, mais des plus pauvres [1].

Je ne trouve de gothique qu'une très

1. A vérifier dans *Gallia christiania and Academie.*

petite chapelle éclairée par un dôme au
fond à gauche. Dans cette chapelle, dont
la voûte a des nervures gothiques, à
gauche, Jésus au tombeau, grand bas-
relief, très saillant, avec figures de grandeur naturelle.

Le devant de l'autel, bas-relief appartenant à un tombeau : la Vierge et deux
saints sous trois portiques, formés par
quatre colonnes fort courtes. On imitait
encore un peu les formes grecques et
romaines, genre roman.

C'est au contraire à la mode de la
Renaissance qu'appartiennent deux arcades voisines de la petite chapelle
gothique et plaquées contre le mur de
gauche de l'église. La colonne isolée et
les deux piliers qui forment ces trois arcades sont couverts de petits anges, de
tiges de blé, d'épis, de plantes et d'autres
ornements, assez mal exécutés, mais appartenant au genre délicat de l'école de
Florence, tel qu'on l'admire dans le
tombeau de François Ier à Saint-Denis.

Sous ces arcades, il y a un autel et deux
petites constructions en forme d'armoire,
l'une terminée par un frontispice triangulaire surmonté d'un dôme ; j'y lis la
date de MIIIICLXXXI (1481) ; l'autre
par un frontispice en demi-cercle. Tout
cela est assez pauvre. L'autel m'a rap-

pelé les charmants amours peints par Raphaël dans sa jeunesse. Il a un devant en marbre divisé en sept compartiments : ce sont des bas-reliefs dessinés comme ceux des enfants le long des murs, mais fort intelligibles, et qui, par là, doivent

produire beaucoup d'effet sur les personnes qui ne sont pas choquées de l'absence de la forme. Ces bas-reliefs représentent, ce me semble, l'histoire de saint Lazare, qui, après avoir été ressuscité par Jésus, vint à Marseille fonder cette église. Les figures ont fort peu de saillie.

Il y avait beaucoup d'odeur dans cette église et un pauvre prêtre enseignait à de pauvres enfants le catéchisme, article de la confession. Le prêtre faisait tout au monde pour ne pas laisser éclater l'impatience que sa voix trahissait, mais, d'un autre côté, les enfants ne pouvaient pas absolument comprendre le sacrilège qu'il y a à ne pas s'accuser de tous ses péchés. Malgré l'odeur, j'ai écouté longtemps. Je me figurais la même patience employée à expliquer à ces enfants le péché qu'il y a *à voler*. Chacun d'eux sait fort bien ce que c'est que le *vol*.

Au côté droit de ce qui devrait être la

grande porte de la Major, et dans l'angle
du mur, je remarque un petit édifice
hexagone de 8 pieds de diamètre peut-être,
et dont la coupole est supportée, du côté
de l'église, par deux petites colonnes
corinthiennes cannelées. L'autel est formé
par le devant d'un tombeau antique ; aux
extrémités, deux figures debout ; ensuite
des SS aplaties et verticales ; au milieu,
trois figures dont les têtes me semblent
assez mal dessinées. A cause de la pluie
l'église est fort obscure (atlas de Millin,
planche 59, figure 4). C'est un magistrat
romain qui a, auprès de lui, des manus-
crits attachés avec une courroie.

Au reste tout le monde a pillé cette
pauvre église de la Major. Henri IV en fit
enlever de belles colonnes. Le comte de
Tende prit deux colonnes à la Major
qu'il envoya au connétable de Montmorency, son beau-frère.

Autour de l'espace circulaire qui entoure
le maître-autel, j'ai vu trois grands
tableaux mauvais, mais fort clairs, fort
intelligibles. Il y avait ici des tableaux de
Puget ; on les a mis au musée.

On a laissé au grand autel une grande
dalle en pierre sculptée et partagée en
trois arcades : la madone et l'enfant
Jésus occupent celle du milieu ; les autres
sont occupées par des saints portant

l'étole, une mitre fort basse, une grande crosse dont l'extrémité supérieure est terminée par une tête de serpent.

La Bourse est sur le port dans une position admirable, faisant face au midi. Elle a une place qui s'avance dans le port et, de l'autre côté, le rocher de Notre-Dame-de-la-Garde qui semble placé là exprès pour faire perspective. Sur ce rocher pointu pas un arbre ; quelques croix de missionnaires et, au sommet, le fort bâti par François Ier.

Derrière la Bourse, on trouve l'Hôtel-de-Ville réuni à la Bourse par une voûte qui passe sur une rue. Il me semble qu'il n'y a qu'un escalier pour les deux bâtiments et cet escalier, où se trouve la statue de Libertat, est dans l'Hôtel-de-Ville.

On arrive à ces deux édifices, qui n'en font qu'un pour ainsi dire, par ce joli quai pavé de briques posées de champ (l'*opus spicatum* des anciens), dont j'ai si souvent loué la gaîté et le naturel. Tous les négociants de la ville arrivent par ce quai à 4 heures.

La façade est composée d'un corps de logis, flanqué de deux pavillons. Il y a cette singularité qu'au premier étage le corps de logis est en retrait sur les pavillons, mais en revanche, au rez-de-chaussée, c'est le corps du milieu qui fait saillie. Ce corps du milieu a trois fenêtres, dont celle du milieu plus basse et les pavillons deux chacun.

Le balcon est soutenu par d'assez jolies colonnes, pour lesquelles on a fait des niches, dans lesquelles on les voit à demi cachées. La façade, et même les côtés, sont chargés d'ornements au point qu'il ne reste plus de partie *lisse* à l'architecture pour faire entendre le langage qui lui est propre. Tout cela n'est pas trop laid.

Une partie du bel effet est due à la situation. Cet édifice est flanqué, à peu de pieds de distance, d'une énorme quantité de mâts de vaisseaux. Il a devant soi une belle place qui s'avance dans le port et au delà précisément, vis-à-vis, et comme pour faire point de vue, l'aride montagne de Notre-Dame-de-la-Garde couronnée par le fort que fit bâtir François Ier, dont les contours pointus se détachent sur le ciel. De la Bourse, le port de Marseille ressemble à un lac rempli de vaisseaux ; on ne peut apercevoir la mer.

Un buste neuf est placé au centre de la façade, à une élévation assez ridicule, ce qui fait que je n'ai pu voir si c'était celui de Louis XIV ou du roi régnant, qui, du reste, ressemble fort à son aïeul.

Ne cherchez rien en France de semblable au caractère marseillais ; et c'est ce qui me charme en ce pays. Le Marseillais est franc et même grossier ; il dit ce qu'il pense, quand même ce qu'il pense est un peu contraire à la politesse. Ailleurs on voit des gens qui écoutent les longues histoires ; vous voyez un Marseillais faire deux ou trois mouvements, puis dire à l'ennuyeux : « Pardon, Monsieur, je n'ai pas le temps aujourd'hui » ; et il prend la fuite. Le Marseillais est honnête en affaires.

Le travail de Marseille n'est point le travail de Paris, de Rouen, et, encore moins, de Lyon.

Le négociant de ce pays va, le matin, à 10 heures, à la Bourse de Casati (c'est le Tortoni du pays) ; le soir à quatre heures à la Bourse véritable sur le port; mais, du reste, il n'est presque jamais à son comptoir. Quant au dimanche, pour rien au monde vous ne lui feriez sacrifier sa bastide. M. N., mon ami, voulut un jour risquer 150 louis et tenter une expérience. Il s'arrange pour rencontrer, le dimanche à 7 heures du matin, un négociant de notre connaissance ; il lui propose une affaire admirable : il s'agissait de gagner 5 % sur une marchandise, probablement sans la déplacer. Le Marseillais comprit rapidement de quoi il s'agissait ; il fallait rester 40 ou 50 minutes de plus

en ville pour voir la marchandise. Il fit
tout au monde pour amener M. N. avec
lui à sa bastide ; les instances durèrent
bien 15 ou 20 minutes ; nous, témoins à
portée, nous craignions que le pari ne fût
perdu. Ces 20 minutes auraient pu suffire
à la rigueur pour conclure l'affaire. Mais le
Marseillais, trouvant M. N. inébranlable,
finit par lui dire : « A demain les affaires »,
et il fit partir au galop la rosse qui menait
son petit cabriolet.

Il y a loin de là au caractère lyonnais ;
plus loin encore mais dans un autre sens,
au caractère parisien. M. de Villèle, avait
dit à M..., un de ses courtisans, que la
qualité la plus nécessaire dans sa position était de *savoir s'ennuyer*. Deux jours
après, ce courtisan allant lui porter un
travail sur une question que M. de Villèle
devait défendre le jour même à la tribune,
le trouve, à 7 heures du matin, écoutant
les conseils de M. S. de L. Le ministre
habile s'en débarrasse avec peine, et se
tournant vers son courtisan : « Vous
voyez », lui dit-il.

Le Marseillais est absolument inca-
pable de la première qualité du Parisien
qui veut faire fortune : savoir s'ennuyer,
et encore plus s'il se peut, de la seconde
qualité, *ne jamais blesser personne*. Si un
Marseillais parle d'un négociant de sa

connaissance, en trois phrases, il vous donne sa définition sous tous les rapports, sa fortune, sa façon d'agir en affaires, son degré d'esprit, ses habitudes sociales et l'histoire de sa femme, s'il est marié.

Sous les rapports de la civilisation matérielle, Marseille est évidemment la seconde ville de France. En arrivant harassé, hier soir, j'eus la fantaisie de prendre du thé. J'allais au café des Mille Colonnes, dont l'arrangement matériel ferait honneur à Paris. Je me disais : « Obtiendrai-je de l'eau chaude ? » J'eus un thé qui me brûla, la qualité du thé ordinaire tel qu'on peut l'attendre dans un café. A Lyon, j'eusse résisté à cette fantaisie. Dieu sait ce que j'aurais trouvé dans les cafés, le dimanche à 9 heures et demie du soir ! Le garçon m'aurait répondu avec humeur comme à un importun et m'aurait apporté je ne sais quelle tisane tiède. A Bordeaux, je me serais hasardé, non dans le café Montesquieu, où l'on m'aurait fait répéter trois ou quatre fois mon ordre, je serais allé au café de la Comédie, où l'on m'aurait servi poliment, mais après vingt minutes, du thé froid. A Marseille, j'ai été servi en deux minutes avec un empressement parfait.

— Monsieur, attendez un peu si vous voulez que le thé soit bien fait.

Il n'a pas dit, il est vrai :

— J'engage Monsieur à attendre un peu s'il veut, etc...

Le maître de ce café où je suis allé ce matin prendre un thé complet et où il y avait un monde énorme, de façon que, sur 50 tables peut-être, une seule était vacante, le maître, me voyant sans journal et sans cigare est venu me demander si l'on me faisait attendre. Je lui ai répondu par un compliment auquel il n'a pas fait grande attention. Cet homme est admirable pour faire marcher ses garçons. Quelle différence avec le garçon de l'hôtel du Nord, avant-hier, à Arles !

Voilà selon moi un des grands plaisirs du voyage. Arles est un trou, où le voyageur ne va que pour ses admirables antiquités. J'étais seul dans la salle à manger, quand je parlais au garçon arlésien ; il y avait 150 personnes dans le café de Marseille ; tous parlaient haut, la plupart demandant quelque chose et, de plus, une abominable chanteuse, laide et chantant faux à toutes ses notes au-dessus du *mi* d'en haut, au milieu de ce tintamarre épouvantable, le garçon poli me sert rapidement, et le maître voyant que j'attends vient me demander ce que j'ai commandé.

Le lecteur se moquera peut-être de ma façon de calculer le degré de civilisation par *l'eau chaude*. Je répondrai que pour moi qui ne *crois que ce que je vois*, ces petites choses sont tout.

J'ai trouvé au café trois ou quatre courtiers de mes amis. Ce sont des jeunes gens de vingt-cinq à trente ans, fort bien mis, qui gagnent 5 à 8.000 francs en se promenant de neuf heures à quatre avec quelques échantillons et force cigares dans leurs poches. Pour travailler il suffit qu'ils ne restent pas chez eux ; la plupart des affaires se font dans les cafés ; on se voit au café et on va parler affaires en se promenant à l'ombre dans la rue. C'est vraiment une vie heureuse ! Comme je n'ai pas été à Marseille depuis deux ans, chacun de mes amis me fait trois ou quatre biographies de celles de mes connaissances auxquelles il est arrivé quelque chose, en bien ou en mal, pendant cet intervalle. Toutes ces biographies sont de la dernière imprudence.

Pour comble de plaisir enfin, ce matin, j'ai eu trop chaud en me promenant dans la rue à l'ombre ! J'ai été ravi d'un petit courant d'air frais que j'ai trouvé sur la Cannebière (rue du Chanvre, bâtie il y a cinquante ans sur des terrains où l'on avait cultivé du chanvre). C'est la principale rue de Marseille ; elle est plus large que la rue de la Paix (à Paris) et conduit

du cours au port que l'on aperçoit de là
dans toute sa largeur. Toutes les rues, au
levant et au midi de la *Cannebière*, sont
tirées au cordeau et admirables avec des
trottoirs des deux côtés, etc... La vieille
ville est au nord et au couchant de la
Cannebière ; mais un homme comme il faut
ne va jamais dans la vieille ville ; seulement, on y a un appartement, quand on a
l'honneur d'être amoureux. C'est une faiblesse bien rare, je crois, à Marseille. Les
dames de la société ne s'y font pas enlever comme à Bordeaux pour venir habiter
au 5e étage à Paris.

A Marseille, on n'a d'amour que pour
des personnes assez difficiles à nommer dans
un livre, je dirai : que pour des *griseltes*.

Un de mes amis me racontait en dî-
nant que, l'an passé, il fit la partie d'aller
à Paris pour y trouver des plaisirs parfaits
et y passer six mois qui devaient marquer
dans sa vie ; il avait dix mille francs. —
« Je m'y suis ennuyé, à votre Paris, et je
préfère mille fois ma bastide où je chasse
le dimanche matin, à tous les bosquets
de Sceaux et de Verrières », et il a continué la liste de ses préférences. Notez que
dans cette bastide, il n'y a sûrement pas
quatre arbres verts. L'arbre le plus ra-
bougri et le plus malheureux des boulevards ferait l'admiration publique dans

une de ces bastides. Il y en a bien cinq à six mille dans les environs de Marseille. De tous côtés on voit ces petites maisons d'une blancheur éclatante se détachant sur la verdure pâle des oliviers.

Musée. — Marseille a cette ressemblance avec Rome qu'elle est établie sur plusieurs collines et, plût à Dieu qu'au pied d'une de ses collines, Rome vît couler la mer! Sur une des collines de Marseille, sur laquelle on parvient par une belle allée de platanes, était le couvent des Bernardins, et c'est de l'église de ce couvent qu'on a fait le musée.

Ce musée de Marseille est vénérable par son obscurité. Il a la forme d'un T majuscule, dont les branches seulement sont faiblement éclairées, de façon que, vers le point où les deux lignes se rencontrent, obscurité complète.

Et c'est là précisément que MM. les échevins de Marseille ont placé la *Chasse aux sangliers* de Rubens, tableau magnifique parce que le sujet est précisément ce qui convient à la fougue de couleurs et au dessin exagéré de ce grand peintre.

Un tronc d'arbre, peint d'une couleur bleuâtre, si fausse qu'on ne sait d'abord ce que c'est, traverse le tableau horizontalement à un pied du cadre. Au-dessus

est un sanglier ; un homme effrayé et à
demi nu oppose à ce sanglier, qui ne le
regarde pas, un épieu brisé. Le sanglier
magnifiquement peint du reste, est frappé
de sang-froid comme tous les autres êtres
animés du tableau, les chiens exceptés. Le
sanglier regarde un homme qui, de sang-
froid aussi, place un épieu dans sa gueule.

Un gros bourgmestre à cheval paraît
au-dessus du sanglier et, d'un grand sang-
froid, touche de son épée le haut de la
tête du sanglier. Les chiens seuls sont admirables ; on peut dire qu'ils sont au-
dessus de tout éloge ; plusieurs sont tout
en sang et c'est probablement pourquoi
ils prennent la chose fort au sérieux.

Il y a six chiens, neuf figures humaines
et deux chevaux. Le peu qu'on voit des
feuilles des arbres est bleu. Deux femmes,
assez jolies, regardent ce sanglier à trois
pas d'elles, avec le plus beau sang-froid.
Ce tableau me semble improvisé ; le dos
du sanglier n'est même pas achevé. Hakkert,
à Naples, finit bien autrement ses sangliers, mais où est le feu divin ?

L'*Assomption* de Louis Carrache fait
pâlir tous les tableaux qui l'environnent ;
c'est à peu près son seul mérite. La tête
de la Madone est commune et son geste
exagéré ; elle ouvre les bras avec violence.
La force du clair-obscur et la franchise des

gestes placent ce tableau au premier rang.
Détails admirables : petits anges qu'on
dirait de l'école de Venise ; les grands sont
des garçons de 18 ans. Les pieds de celui
qui est à droite attirent trop l'attention et
manquent de grâce, mais non pas de vérité.

Choqués de l'affectation, du faux, du
convenu dont les nigauds qui se portaient
comme successeurs de Raphaël, remplis-
saient leurs tableaux, les Carrache osèrent
revenir à la vérité. Cette idée et le courage
surhumain avec lequel ils la suivirent
(voir leur historien Malvasia) furent sur
le point de les faire mourir de faim. Pour
faire cet ange, Louis Carrache prit un beau
garçon de 18 ans pour modèle et ne son-
gea pas à lui faire des pieds de femme pour
lui donner l'air divin. Il avait trop d'horreur et de mépris pour toute fausseté [1].

1. Un peu plus loin page 23 de son manuscrit, Beyle
parlait encore de ce tableau dans ces termes : « Je ne saurais
parler que vaguement d'une *Assomption* grandiose de
Louis Carrache placée trop haut et dans la partie la plus
obscure du musée, celle où l'on a mis le tableau de Raphaël.
Un ange de ce tableau sur le premier plan a des pieds de portefaix. C'est un des défauts de l'école de Bologne, dans son
horreur pour les poupées élégantes que les froids imitateurs
de Raphaël avaient mises à la mode. Les trois Carrache
et le Dominiquin copiaient exactement et sans jamais enno-
blir les pieds et les mains de leurs modèles, mais aussi ces
grands hommes n'ont jamais rien d'affecté, ni de niais. »
Mais Stendhal avait encadré tout ce passage d'un trait de
plume et avait écrit dans la marge : « Fait autrement, page
18 ; choisir. J'aime mieux aujourd'hui la page 18. » Aussi
avons-nous suivi sa volonté et laissé dans le texte le passage
de la page 18. N. D. L. E.

Dans la partie la plus obscure du Musée,
on a mis le tableau de Raphaël : *Saint
Jean écrivant l'Apocalypse* et, en vérité,
je croirais que pour cette fois, MM. les
échevins, directeurs suprêmes du Musée,
ont eu de la malice.

Ce tableau, s'il est de Raphaël, est de
bien loin le moins bon qui nous reste de ce
grand homme. On connaît son talent pour
rendre avec une vivacité et surtout une
profondeur qui ne nuit jamais à la vérité
la plus parfaite, les moindres nuances de
passion. Il excelle surtout à représenter le
respect, la dévotion, le dévouement sublime. Hé bien ! ce saint Jean est à cheval sur son aigle comme un nigaud ; il
a l'air de rêver, en écoutant l'inspiration
divine ; son geste est mieux que niais, il est
sot. Il y a d'ailleurs une petite absurdité ;
il se dispose à écrire sur une tablette de
pierre avec une plume. Le musée de Paris
envoya ce tableau aux Marseillais lors de
l'établissement de leur musée. Les personnes qui le veulent original disent qu'il
faisait partie de l'ancienne collection du
cabinet du roi et qu'il avait été gravé par
Simonneau. Il faudrait le voir de près, au
grand jour, et l'examiner avec une loupe.
Je le croirais une copie faite dans le temps
et par un élève qui n'a pas su voir, ou
du moins rendre la nuance d'expression

qui, dans le tableau de Raphaël, rachetait la gaucherie de la position des bras et des jambes. Loin d'être inspirée comme la tête du même saint Jean, écrivant aussi son évangile, du Dominiquin, à Sant'Andrea delle Fratte à Rome, la tête est niaise ; quant au *mal peint* des bras et de la jambe nus, il est frappant. Je ne vois de bien peint dans tout le tableau que les serres de l'aigle et les doigts de la main gauche.

Tout cela posé, je suis loin de croire que Raphaël n'a rien fait de médiocre, mais, en regardant ses figures les moins parfaites avec un tel degré d'attention, l'âme fait abstraction avec une telle violence de ce qui la chagrinerait mortellement chez un peintre médiocre, que ses moindres ouvrages font un effet prodigieux. On chercherait en vain à se le dissimuler ; tel est le malheur qui suit la duperie de voir des tableaux médiocres, que l'on contracte l'habitude de n'accorder que très peu d'attention aux tableaux qui ne portent pas un grand nom.

Ce musée de Marseille ne peut pas lutter avec celui de Montpellier pour le nombre de ces tableaux, un peu au-dessus du médiocre, qui charment et séduisent le vulgaire, mais, dans le fait, il lui est bien supérieur. Il a de Jules Romain trois cavaliers

montés sur de gros chevaux de charrette ;
le cheval de droite et le jeune cavalier sont
au-dessus de tout éloge. Du Guerchin, on a
les *Adieux de Priam et d'Hector*, scène
de nuit éclairée par un flambeau. La robe
de chambre de Priam est admirable. On a
la liste des tableaux du Guerchin écrite
de sa main. On voit qu'il peignait souvent uniquement pour gagner de l'argent.
Ce tableau ne l'a pas fait rêver un quart
d'heure ; on le lui a commandé et, sur-le-
champ, il s'est mis à peindre un vieillard
en robe de chambre et un grand jeune
homme en guerrier romain. Aucun des
deux n'est ému le moins du monde, mais tel
qu'est ce tableau, aucun bon peintre moderne (je veux dire né depuis la mort de Poussin) n'aurait pu faire rien d'approchant.

Il y a ici un excellent Caravage, bien
ignoble ; un cadavre assis, soutenu par
deux enfants de douze ans. Cela s'appelle :
Jésus-Christ mort soutenu par deux anges.
J'ai remarqué une bonne copie du Dominiquin, la Madeleine pénitente, que le
livret nous donne pour un original, et
peut-être est-ce un original gâté par le
soleil. Une fois la cour de Naples hérita
des Corrège qui avaient appartenu aux
Farnèse. Ces tableaux restèrent dix ans
dans le bas d'un escalier, tournés contre le
mur, et tout le monde p... contre.

Ce pauvre petit Dominiquin aura trouvé le même sort. A Naples, de nos jours encore, on voit le soleil brûler les magnifiques Canaletto. En revanche, on ne saurait contester l'originalité du Père éternel et la jolie tête de Lanfranc (cet intrigant qui empoisonna la vie du bon Dominiquin).

Ce musée possède un magnifique Pérugin : sainte Anne paraît au-dessus de la Madone qui, assise sur un trône, est sur un autel. L'absence de pensée qui distingue le Pérugin est ici cachée par le nombre des personnages et leur timidité profonde et pieuse. Le nom de chaque saint est placé dans son auréole. Sous le trône de la Vierge, le peintre a écrit son nom en caractères beaucoup trop gros. Les chairs tirent sur le jaune clair, effet du temps. Ce tableau, où l'œil ne perd pas la feuille d'un arbre, a plus de trois siècles.

Le ton général des tableaux de ce maître est couleur d'or. La lumière du soleil passe en se couchant au travers d'un nuage couleur d'orange. Ici ce ton a pâli ; les chairs et les clairs tendent au *jaune clair*. Le Pérugin, avec sa mine de bonhomme, fut probablement bien jaloux de l'immense succès de son élève Raphaël, et aujourd'hui il ne doit les trois quarts de sa renommée qu'à cet élève. Et Raphaël ne put jamais se guérir complètement de la petitesse prise à l'école de Pérouse. Fra Bartolomeo, qui lui donna le clair-obscur, ne put lui donner le *style large*.

On ne peut pas louer la même clarté dans un magnifique paysage d'Annibal Carrache ; c'est une imitation rapidement faite des paysages sublimes qu'il avait vus à Venise et dont le plus bel échantillon fait la gloire de la galerie de M. Camuccini à Rome (à côté du Palais Borghèse). Il faudrait laver avec de l'eau tiède ce beau tableau d'Annibal Carrache dont la vue serait si utile aux paysagistes sans noblesse et léchés de la province.

J'ai vu un joli ange gardien de Feti, dont les graveurs pressés qui fabriquent des livres d'heures, n'ont sans doute pas connaissance. Vis-à-vis est une madone vulgaire de Maratte, ce peintre si vulgaire.

Ce qui est incroyable dans les musées de province, ce sont les tableaux envoyés par le gouvernement. A Toulouse, j'ai été frappé de l'*Apelle et Campaspe* de M. Langlois, parce que le journal du jour annonçait que l'auteur venait d'être nommé membre de l'Institut. Ici on trouve *Gustave Vasa haranguant les Dalécarliens* de M. Dufau. *Cymodocée* de M. Duvivier, la *Nature et l'Honneur* de M. Mallet et surtout la *Bénédiction des troupeaux* de M. Mongin, etc., etc., etc.... Un ministre qui fait de ces choses-là mériterait, suivant moi, d'être mis en accusation. Et ces messieurs osent parler d'art, et il faut les écouter avec une mine sérieuse !

Il y a bien ici autre chose que le ministre vraiment ! Marseille a eu pour maire M. le Marquis de Montpaon qui s'est avisé de faire des acquisitions pour le Musée, au lieu de dépenser deux mille francs pour y faire ouvrir une large fenêtre au point de jonction des deux branches du T majuscule. On a pris la nef et les croisillons d'une église ; la nef a encore quatre colonnes de chaque côté ; il fallait laisser au musée le jour du dôme, ou du moins pratiquer une immense fenêtre ; je vois deux ou trois moyens trop longs à expliquer ici. M. le Marquis de Montpaon a donc acheté le *Premier sacrifice de Noé*, *à sa sortie de l'arche*, la *Vue de la Cava près Naples*, *Manius Curius recevant les députés de Pyrrhus*. D'après ces choix, il me semble que ce digne maire aurait dû être nommé Ministre de l'Intérieur.

La sainte colère où m'avait mis ces tableaux *officiels*, a été dissipée par une charmante copie de la *Flore* de Poussin, dont l'original, rongé et abîmé par le temps, est au Capitole à Rome. La grâce de la nymphe qui cueille une fleur, au premier plan, a été sentie et rendue par le copiste. Ce brave homme n'a d'ailleurs nulle noblesse et il peint rapidement comme Joseph Vernet, mais ses figures sont claires, intelligibles et nous représentent les personnages du Poussin tels qu'ils étaient au sortir de l'atelier. C'est un excellent commentaire pour le tableau de ce grand peintre.

J'ai remarqué une tête donnée emphatiquement pour un portrait du *célèbre Racine*, portrait tout aussi plaisant que le prétendu portrait de Racine du musée de Toulouse. Le Racine de Toulouse est un magistrat rusé à la figure de renard, celui de Marseille est un pédant content. Il faut que le rédacteur du livret n'ait jamais eu la curiosité de voir la gravure de la grande figure imposante et niaise du poëte de Louis XIV. Le pédant satisfait de Marseille appuie le bras sur un volume dont la tranche laisse lire ces mots : *Corn. Tacitus.*

Je passe sous silence beaucoup de tableaux intéressants, par exemple *Mercure* de la Farnesine, copié par M. Ingres, qui a un peu alourdi les formes de Raphaël ; le *Sauveur du monde*, tableau fort remarquable du Puget (né à Marseille en 1622, peintre, architecte et sculpteur). La tête du Sauveur est trop large, mais les anges sont peints d'une grande manière. Je ne

sais pas si le Poussin lui-même a rien de
supérieur. Cet homme-ci est un artiste
de premier ordre, et je n'ai vu ce tableau -
que cinq ou six fois. Toutefois, je hasar-
derais de dire que ce qui distingue le Puget comme peintre, c'est la distribution
de la lumière.

Comme peintre, je placerais le Puget
immédiatement après le Poussin et Le
Sueur. J'ajouterais que Le Sueur ne lui
est supérieur que pour la pensée ; il n'a
jamais fait d'anges comparables à ceux
de ce tableau.

Je dirais à un Ministre de l'Intérieur
qui aurait le sentiment des arts : « Envoyez
à Marseille un beau Dominiquin, bien
frais ; la beauté de la couleur est nécessaire aux provinciaux, et placez à Paris un
tableau du Puget. »

J'ai vu avec étonnement 24 tableaux
de Michel Serre, peintre inconnu, né en
Catalogne en 1658, mort à Marseille en
1733. Il était fort pauvre et peignait au
plus vite. Il avait vu l'école de Bologne
et savait être avare de la lumière. Je le
regarde comme fort supérieur à tous les
peintres médiocres qui remplissent les
travées de l'école française au Musée de
Paris.

Serre fit preuve d'un courage bien étonnant lors de la peste de Marseille en 1720 ;

mais ses tableaux, peints avec des couleurs et de la toile achetés au rabais, ont
noirci ; et le Musée de Marseille est ridi-
culement obscur. J'ai remarqué de Serre
une tête imitée du Corrège dans sa *Pré-
sentation au temple*. Il faudrait répandre
ces tableaux de Serre dans tous les musées
de France. Les défauts de ce peintre ne
sont pas les défauts français (relief nul,
couleur fausse, personnages copiés de
l'auteur à la mode). J'ai vu avec plaisir
deux tableaux, bien pâles il est vrai, de
Le Sueur. Il ne faut pas omettre deux tableaux immenses de Vien qui semblent
miraculeux, placés à côté du *Christ sur la
croix* de M. Dandré Bardon, ou du *IV*ᵉ *acte
d'Iphigénie en Aulide* de M. Monsiau,
*tableau commandé par M. le Ministre de
l'Intérieur*. Il faut noter aussi un autre
cadeau [du] gouvernement : *Ulysse reconnu par Euryclée*, de M. Tardieu.

Ce qu'il y a de curieux dans ces musées
de province, ce sont les portraits. Je me
souviens encore du Descartes, de Henry
de Montmorency, et du Cinq-Mars de
Toulouse. Ici j'ai trouvé une excellente
Madame de Pompadour en peinture *bleue*
du temps, et le portrait de lord Stafford, représenté apparemment à l'instant où
il apprend que son ami, le roi Charles Iᵉʳ
vient de rendre exécutoire sa sentence de

mort en la signant. Je voudrais bien que le portrait fût reconnu ressemblant. Le livret l'attribue à Van Dyck, ce qui est absurde. Le comte, dans ce portrait, a une tête du midi ; c'est un gros commis-voyageur de Nîmes, sans finesse ni noblesse, mais il a de l'énergie et regarde avec une profonde mélancolie.

Le portrait de Madame de Pompadour, *sous la figure de l'Aurore*, comme dit le livret, est de Nattier.

Ce musée a un *Christ battu* de Rubens (n° 130) ; beaucoup de chairs bien ignobles et bien rouges. Platitude énorme et surtout manque du souffle divin dans l'homme-Dieu.

Un tableau bien curieux, bien singulier de Rubens, c'est la *Famille du Prince d'Orange*. Le prince est ridicule de formes et d'expression. Il est vêtu à l'antique comme le Louis XIV de la porte Saint-Denis ; il a le genou nu, et ce genou est estropié. Mais les têtes des enfants sont fort bien ; un peu moins bien la tête de la princesse, dont la laideur ne doit pas être mise à la charge du peintre qui, sans doute, a menti autant que possible.

Ce tableau, fort grand, est entouré de 38 médaillons peints en grisaille, couleur bistre. La plupart de ces médaillons ronds présentent deux têtes et ils portent des

légendes. Ce tableau est placé beaucoup
trop haut. — « Ce sont les cadeaux de
M. le Ministre de l'Intérieur, dirais-je à
MM. les échevins, qu'il faut mettre à cette
hauteur. »

Au reste, tout est arrangé ici dans un
esprit d'hostilité marqué pour le pauvre
sens commun. Il fallait placer le Raphaël
au lieu où est *Hercule entre le vice et la
vertu*, grande fadeur attribuée à Crayer ;
mettre la *Chasse* de Rubens où est l'*Apothéose de la Madeleine* et, vis-à-vis, ou à
côté, le *Priam* du Guerchin, la *Madeleine
pénitente* du Dominiquin et le *Paysage*
d'Annibal Carrache.

Je ne sais ce que Philippe de Champaigne a fait au rédacteur du livret marseillais, pour qu'il lui attribue aussi malheureusement une *Assomption de la sainte
Vierge*, peinture bleue digne de tous les
Restout du monde. Philippe de Champaigne est jaune et pieux. Une *Apothéose de
la Madeleine*, mise sous son nom, m'a l'air
de la copie de quelque bon tableau.

Par suite de sa haine pour le nom de
Champaigne, le rédacteur du livret attribue à Jean-Baptiste, élève de Philippe,
une *Lapidation de saint Paul*[1], chef-

1. M. Louis Royer fait remarquer que Stendhal copie ici
un lapsus du livret. Il faudrait : *lapidation de saint Etienne.*
N. D. L. E.

d'œuvre de quelque mauvais élève de
David.

Il y a une *Madeleine mourante* de Fins-
honius, point mal. Vingt ou trente tableaux
de ce musée méritent le même éloge, par
exemple une madone dans le genre de
Sassoferrato (n° 177), un portrait par
Drouais, un autre (femme à physionomie
de fouine, n° 12) par Fauchier d'Aix, une
tempête par Henry d'Arles. Puget peintre,
fils du grand homme, a fait une *Visitation*,
dont les personnages ont l'air d'acteurs.

Ce musée a, de Vien, deux immenses
tableaux bien froids, mais non affectés
et qui semblent des chefs-d'œuvre, quand
on vient de voir les tableaux de MM. Dandré Bardon, Restout, Van Loo, Coypel,
de Troy. Il y a une *Visitation* par Germinia-
ni de Gênes, pas mal ; une *Charité romaine*,
mal à propos attribuée à Guide, idem. Il
y a de Raoux une *Jeune fille écrivant à
son amant* ; sa grand'mère lit par-dessus
son épaule. Ce tableau dut avoir un beau
succès en 1730; un peintre naïf (s'il en est)
devrait le copier en changeant les têtes.

Je suis resté longtemps immobile devant
le buste de Puget. Ce n'est point un tam-
bour-major, comme ces bustes des grands
peintres qui gâtent le Musée à Paris ;
celui-ci, qui m'a l'air d'une copie cons-
ciencieuse, est digne de toute l'attention

d'un ami des arts. Il est plein de naturel
comme ses ouvrages. Tête carrée, bouche
serrée d'un homme qui *s'efforce* habituellement, yeux inégaux, le droit beaucoup
plus beau que le gauche ; en général beaucoup de *vérités* rendues avec scrupule, c'est-
à-dire durement, comme les portraitistes
nigauds copient une verrue.

Derrière le buste de Puget est une petite
Assomption de lui de trois pieds de haut :
la madone, des nuages et deux anges.
Simplicité admirable, naturel parfait de
tête et du geste de la Vierge. Je n'y vois
qu'un défaut : cette figure a dix têtes.

Toulon a eu le bon esprit de faire mouler
en plâtre les deux fameux termes qui soutiennent le balcon de son hôtel de ville ;
elle en a envoyé une épreuve à Marseille
qui les a fort bien placés aux deux côtés
de la porte intérieure du Musée.

Ce fut en 1656 que Puget les exécuta
en pierre de Calissanne. Cet ouvrage commença la réputation de ce grand homme.
Leurs défauts d'aujourd'hui sont probablement ce qui leur fit pardonner leur originalité en 1656, je veux parler de cette
exubérance de guirlandes de fleurs, de
coquilles baroques et d'autres ornements,
desquels sortent ces pauvres diables con-
damnés à porter le balcon. C'est bien le
cas assurément de se ceindre de fleurs !

Leur figure, du reste, exprime bien leur peine.

Ces cariatides sous les balcons étaient de mode à Marseille, il y a un siècle ; voisinage de l'Italie et surtout de Gênes. Si au lieu de paraître en 1656, à 34 ans, devant un public qui avait encore l'énergie de la Fronde, le pauvre Puget n'eût débuté qu'en 1680, après Racine, il eût été encore plus méprisé qu'il ne fut. Les échevins de Toulon avaient fait prix à 1.500 fr., avec le Puget, pour le marbre. Il représenta modestement que le bloc de marbre lui coûtait...[1]

Marseille, cette ville grecque si ancienne, si importante, si riche sous les empereurs ne possède pas un marbre de quelque valeur. A peine si un autre musée voudrait de ceux qu'elle a réunis à son musée. Tant il faut peu se fier aux raisonnements généraux. Si Marseille avait été détruite par un tremblement de terre, que de phrases n'auraient pas faites les auteurs emphatiques sur les monuments admirables que ce tremblement de terre aurait ravis à la postérité ! Arles et Fréjus ont cent fois plus de restes de l'antiquité que Marseille. Marseille s'est agrandi, a changé de place et a peut-être construit ses nouvelles mai-

---

1. La phrase est demeurée inachevée. N. D. L. E.

sons avec les débris des anciens édifices.
Arles et Fréjus, autrefois considérables,
ont été réduits au tiers de leur étendue et
les monuments antiques y sont restés à
découvert.

Je vais parler, en deux mots, de ces
tristes marbres, pour soutenir l'attention
du lecteur qui s'arrête dans cette antichambre du musée.

N° 5. Une femme assise donne la main
droite à un homme debout. Le mouvement
a de la confiance et de l'intimité. On voit
par ce qui reste du centre du bas-relief
qu'il y avait au milieu des deux personnages une femme portant un enfant au
maillot. L'enfant existe en entier ; sa tête
est couverte d'un bonnet. Au costume de
quelle nation appartient ce bonnet ? Ce
qui reste de ce bas-relief est médiocre, mais
l'artiste vivait dans une bonne école.
Ainsi un sot de 1838 écrit mieux qu'un
homme de demi-talent en 1738 ; l'école
n'est pas meilleure, mais l'instruction at-
teint tout le monde.

On dit le travail de ce bas-relief, grec ;
je ne le croirais pas, mais je ne l'ai point
examiné assez longtemps pour me faire une
opinion.

N° 11. Tombeau de Glaucias, trouvé en
1799, sous les débris de l'abbaye de Saint-
Victor. On y lit fort bien une inscription

grecque de sept vers assez plats. Le fils de Glaucias adressant la parole à son père lui dit : « Ton fils t'eût donné, non pas un tombeau, mais la nourriture et des consolations dans ta vieillesse. » Les sentiments moraux ont fait des progrès immenses depuis les Grecs ; on ne se vante plus de donner des aliments à son père. C'est ce progrès qui rend un peu niais tous les livres en prose grecque. Les savants, niais par état, et souvent payés pour mentir, ne s'aperçoivent pas de ce malheur, ou du moins se gardent bien d'en convenir.

Le n° 13 est peut-être le meilleur marbre de ce musée ; c'est un tombeau de huit pieds de longueur, sur trois et demi de haut : des centaures combattent contre les lions qu'ils attaquent avec des fragments de rocher. Les têtes sont frustes ; ce monument des meilleurs temps a été trouvé à Arles. L'inscription porte le nom de Flavius Memorius qui, sans doute, s'était emparé de ce tombeau fait pour un mort d'une meilleure époque.

Les n°⁸ 14 jusqu'à 21 sont des tombeaux chrétiens.

N° 27. Des génies à peine passables forgent des armes. Deux d'entre eux soutiennent un médaillon, où l'on voit la Louve, Rémus et Romulus. Un sphinx est au-dessus de cet écusson.

Nº 28. Des centaures entourent un médaillon soutenu par deux victoires. On y lit : IULIAE QUINTINAE, etc. Ce tombeau païen servit, au commencement du ixe siècle, à saint Mauront, évêque de Marseille.

On fait voir une figure de femme égyptienne de basalte. Une sorte de rose polygone est tracée au bout des seins, à l'extrémité de ces charmes naturels, si agréables au toucher.

C'est contre ma ferme résolution que j'ai parlé si longtemps de ce musée. C'est sans comparaison le meilleur pour la peinture. Le beau ciel, le temps délicieux qu'il fait depuis huit jours rendent sensible aux chefs-d'œuvre des arts. Quel effet ne produiraient pas ces tableaux s'ils étaient placés dans un local admirable comme celui de Toulouse, ou seulement convenable comme celui d'Arles.

Dans ces villes aussi, on a prêté une église, mais on n'a pas eu l'esprit d'y mettre un second étage et d'ôter toute lumière à un musée. Cela est original ! et cela de la part d'une administration qui achète des tableaux !

A Toulouse, à Arles, à Grenoble, on a placé le musée dans une église, mais on n'a pas eu la mesquinerie, comme à Marseille, de ne lui donner que la moitié de l'église et encore la moitié inférieure, privée de jour. Cette invention est bien digne d'un gros échevin, bien riche et qui va à la maison de ville après dîner.

Un échevin disait de la Maison Carrée à Nîmes : « Hé bien, démolissons ce bâtiment ; nous aurons une belle place et l'on ne vien tra pas toujours nous demander de l'argent » (historique). En 1838, Nîmes avait, dit-on, 100 ou 50 francs pour son musée, placé dans la Maison Carrée. Aussi il est dans un joli état. Les trois quarts des toiles tournées contre le mur et les tas de tableaux couverts de deux doigts de poussière.

A deux pas du musée, jolie halle à la volaille, non terminée. Il y a des pilastres adossés au mur ; pierre taillée en style fort ridicule. Mieux valaient des colonnes engagées qui n'auraient pas coûté davantage, mais peut-être le terrible Conseil des bâtiments civils à Paris y a mis obstacle, comme il a rayé les colonnes du palais de justice à Bourges. J'aperçois à travers les branches une bonne statue sur les degrés de cette halle ; c'est une figure de ville, assise et couronnée. Où diable l'a-t-on prise ?

— Marseille, 10 mai 1838 [1].

Commerce. — Je demande la permission de parler de mon commerce. La facilité avec laquelle on fait des affaires à Marseille m'étonne toujours. Après Marseille, pour la facilité vient Nantes.

Les plus *durs à la détente*, si l'on me permet ce mot de comptoir, sont Bordeaux et surtout Le Havre.

Voici comment j'explique cette différence. A Marseille, tout le monde travaille *sur ses capitaux*. La majeure partie des négociants a 80.000 et, par le crédit, fait des affaires pour cent mille écus.

Au Havre, des jeunes gens qui n'ont que du talent et le besoin d'un certain luxe, travaillent avec de l'argent fourni par le *commanditaire*. Il faut : 1º servir

---

1. En 1838 on loge à Marseille à l'hôtel des Bouches-du-Rhône, point assez riche pour se moquer des voyageurs. Dîner chez Ducros, rue Vacon, nº 19. Café aux *Mille Colonnes*, cohue, et chez Bodoul, rue Saint-Ferréol, la haute bourgeoisie du pays. Mme Camoin cabinet littéraire ; il y règne un silence profond. Ce matin sont venus des Anglais qui, fidèles à leur règle de conduite (offenser pour montrer supériorité de rang) se sont mis à parler haut d'une petite voix affectée. C'est une nation estimable, mais bien désagréable (tout leur déplaît ; ils voudraient que tout le monde fût fait comme l'Angleterre et ils fuient sans cesse cet *home sweet home,* tant loué par eux).

l'intérêt des commanditaires ; 2° il faut pourvoir au luxe de Madame (si le jeune négociant est marié). A Marseille, Madame *sait faire la cuisine*, dirige l'unique servante qui prépare les plats, au besoin fait la moitié du dîner. Rien de simple comme l'intérieur de ces ménages. A nos yeux, cela a quelque chose de respectable. Une des Marseillaises qui a le plus d'esprit (et si je la nomme, tout le monde en conviendra, même à Paris), m'a fort intéressé l'autre jour par une discussion sur les pois chiches. Elle disputait avec un Espagnol, dont le patriotisme n'entend pas raillerie sur les pois chiches.

Quand on prend des informations à Marseille sur un négociant, on ne parle jamais de sa fortune, on répond simplement : *il paye* ou *il ne paye pas*. Cependant on sait à Marseille, à mille écus près, la fortune de chacun. On me disait hier que jamais banquier n'a fait faillite à Marseille (*jamais* veut dire sans doute *rarement*).

J'avais besoin d'argent. Au lieu d'en prendre chez un banquier, j'ai demandé le 10 du mois à un négociant, sur lequel j'avais une traite échéant le 30, s'il voulait me l'escompter.

— Nous parlerons de cela à la Bourse, m'a-t-il répondu, venez ce soir à tel numéro dans l'angle gauche.

J'y suis allé.

— Je ferai votre affaire, venez demain matin.

— A quel taux ?

— À raison de 3 %.

J'ai accepté.

Et l'on veut que Marseille ne voie pas avec dépit le gouvernement ne pas rembourser des fonds dont il paye le 5 !

J'ai réussi hier une chose magnifique dans le haut de la rue Paradis. J'ai fait un cadeau de vin à un correspondant de Gênes. D'excellent vin de Champagne avec des étiquettes superbes, ficelé, emballé, prêt à partir sur le bâtiment, m'a coûté 30 sous la bouteille. Une fois, à Gênes, j'assistai à un bal et, toute la nuit j'entendis porter aux nues la magnificence de notre hôte. Ses laquais ne furent occupés toute la nuit qu'à déboucher des bouteilles de vin de Champagne. Je suis convaincu que mon cadeau fit un bon effet. J'ai fait apporter dans une maison où je dîne quelques bouteilles de ce vin de Champagne ; par prudence, j'ai prié la maîtresse de la maison de ne pas me trahir. Personne n'a attaqué mon vin. En revanche, du Bordeaux Saint-Julien, à 25 sous était détestable et, de plus, épais comme de l'encre.

Une maison de Livourne qui fait avec le Nord d'immenses affaires en huile, envoya à *un ami* de Pétersbourg [1]...

Si Alger n'est pas abandonné, si Marseille continue (la douane, le mois passé, a produit deux millions deux cent mille francs), d'ici à dix ans elle aura deux cent mille habitants. Déjà il est question de faire une rue qui, de l'obélisque au bout de la rue de Rome, irait à la mer. En s'étendant vers la montagne dans la direction de la Cannebière et des allées de Meilhan, déjà Marseille arrive à Saint-Just. Les appartements sont horriblement chers et, par suite, Marseille a des omnibus qui vont à tous les villages environnants, futurs faubourgs, et tous font fort bien leurs affaires. Il est vrai que les chevaux et leur nourriture ne coûtent rien.

Un négociant à qui Alger a valu cent mille francs à ma connaissance, habite Saint-Loup, joli village sur la route de Toulon. Chaque matin, pour dix sous l'omnibus l'amène à Marseille, et chaque soir, pour dix sous, il revient chez lui, quand l'amour du cercle et du jeu ne le retient pas jusqu'à minuit ; alors un cabriolet, qu'il avertit, le ramène pour trois francs.

Je l'ai vu un de ces soirs à une soirée fort aimable et fort bien composée en

1. Ici l'anecdote si déjà elle n'est pas dans les deux premiers volume.

hommes et où il y avait des femmes fort
décentes, mais dont aucune n'est mariée.
En sortant par un magnifique clair de
lune M. N. m'offrit un lit à la campagne ;
j'acceptai et toute la nuit, c'est-à-dire dès
trois heures du matin, le chant des oiseaux
m'empêchait de dormir.

— 14 mai 1838.

J'ai trouvé ici un théâtre italien ; je
subis le *Furioso*[1] dont pour moi pas une
seule mesure n'est passable. Je vois
Norma[2], dont le seul duo de la fin me
plaît. Duo déclamé à la Glück, dont la
pauvre petite cantilène commune, est,
sans doute, volée. Dans le *Pirate*[3] je trouve
un accompagnement qui peint le désespoir et un morceau de chant qui a le
même mérite, mais *remisso gradu*.

Bellini au milieu du manque de génie
avait une petite pointe légère d'inno-
vation sur Rossini. Rossini est trop fardé,
trop agréable, même dans les plus tragiques situations ; Bellini est toujours brut
et *paysan*. D'ailleurs, il était fort bel
homme et savait dominer les femmes.

1. Opéra de Donizetti. N. D. L. E.
2. Opéra de Bellini. N. D. L. E.
3. Opéra de Bellini. N. D. L. E.

La jeune Mme Marini rappelle ces nymphes peintes sur les murs de Pompeia. Elle a des yeux étonnants et une folie plus étonnante : elle joue au hasard, s'en remettant apparemment à l'inspiration du moment. Dans le duo de la *Norma*, avant-hier, elle avait fait tant de folies comme actrice, qu'à la fin, elle ne pouvait plus que lancer les notes principales sans les lier aucunement, tant elle était essoufflée.

Il y a un petit ténor dans cette troupe italienne, qui chante comme on parle et va à l'*ut* dièze avec la voix de poitrine. Il est petit, chétif ; je trouvais qu'il prononçait bien le français d'une tyrolienne. Les gens de l'orchestre m'ont dit que le don Laborde est fils d'un perruquier de Montpellier ou de Nîmes. Il prend le bon parti ; il chante en italien. Mais il est bien chétif, bien maigre. Les femmes détruiront cette jolie voix.

Victorine ou *le Songe*[1], une mauvaise pièce, m'a touché jusqu'aux larmes. Les événements sont annoncés et non pas peints. Chaque entr'acte avance de dix ans dans la vie d'une fille entretenue et les traits de l'esprit manquent de délicatesse.

Je vais à Saint-Just malgré la pluie.

---

1. *Victorine ou la nuit porte conseil*, drame de Dumersan, Gabriel et Dupeuty, 1831. N. D. L. E.

Charmantes bastides ; elles ont des arbres maintenant. Chacune n'est qu'à deux cents pas de la voisine ; on peut toujours appeler le voisin. Mais le chemin a l'air d'une ronde de prison ; on voyage entre deux murs de 8 à 9 pieds de haut. Je jouis de la vue parce que j'ai pris l'omnibus. En cabriolet, je n'aurais vu que les murs.

Eglise des Chartreux, belle par son élévation. Architecture comme Saint-Roch.

— 15 mai 1838 (pluie).

La Bourse a l'avantage sur la plupart des palais de France d'avoir une corniche. Cette façade n'est réellement point mal (à Rome ou à Venise, tout le monde s'en moquerait). Je viens de monter au premier étage de la Bourse pour les tableaux de Serre qui représentent la peste de 1720[1]. Contre mon attente, je les ai trouvés fort bons. J'ai été indigné du mal qu'en dit M. Millin[2], mais cet homme était antiquaire juré et membre de 44 académies, comme on peut le voir au titre de ses

1. Tableaux placés dans une belle salle, mais que l'on couvre d'une toile verte par une plate spéculation du concierge que M. le Maire a tort de tolérer.

2. Beyle avait d'abord écrit : « du mal qu'en dit ce polisson de Millin ». Il a biffé, mais en ajoutant entre paren thèse : « c'était le mot cependant, polisson ». N. D. L. E-

ouvrages. Un tel être doit connaître le *prudent*, l'*utile*, le *plat*, mais non le *Beau*. Serre, qu'il déprécie du haut de sa prétendue science, travaillait vite à cause de sa grande pauvreté, ne fut d'aucune académie, et se contenta de faire son devoir avec toute l'intrépidité d'un cœur susceptible d'enthousiasme, à l'époque de cette peste qu'il a représentée dans deux tableaux.

Le plus grand est une vue *cavalière* (à 45 degrés) du cours. Dans la partie la plus éloignée, sur la route d'Aix, où est maintenant l'Arc de Triomphe, on voit des arcades sur lesquelles passait l'eau des fontaines de Marseille. Le concierge de la Municipalité me dit qu'il a encore vu les arceaux maintenant l'eau passant sous le pavé à l'aide d'un siphon.

Le cours est d'une couleur vraie ; il est couvert de malades et de mourants. Sur le premier plan, on voit l'immortel Belzunce, évêque de Marseille, qui se conduisit comme vingt autres magistrats ; et en lui la faiblesse eût été bien plus blâmée. Mais telle est la distribution de la gloire dans les pays sans liberté de la presse.

A droite on descend un cadavre d'un quatrième étage par le moyen d'une corde. Les gens à cheval sont les magis-

trats de la ville : le chevalier Roze, peut-
être Serre lui-même.

Le second tableau est plus petit et
représente la façade de la Bourse où nous
sommes. La fenêtre du milieu, sous le
buste de Louis XIV, est plus élevée que les
autres dans le tableau de Serre ; je me retourne et je vérifie qu'elle est plus basse.

Serre s'est représenté sur un bateau en
face de l'Hôtel-de-Ville, le pinceau à la
main ; il a la perruque et le grand nez des
portraits du siècle de Louis XIV. Que
sont devenus ces beaux nez ? Ils n'ont
point passé à la postérité ; voyez les nez des
grands seigneurs actuels dans les portraits
au coin des rues. C'était apparemment un
ordre du grand roi aux peintres du temps.

Comme il est naturel, ce tableau plus
petit est supérieur à celui qui représente
le cours. Ces espaces trop grands ne con-
viennent pas à la peinture. Je remarque
que, du temps de Serre, en 1720, la
Bourse n'avait pas les quatre bas-reliefs
au-dessus du rez-de-chaussée.

La salle où j'écris ceci n'a pas été à l'abri
des dons de M. le Ministre de l'Intérieur. Il
lui a fait cadeau d'un tableau représentant
Annibal passant les Alpes *à cheval* et montrant à ses soldats les plaines d'Italie[1].

1. Tableau de Féron. N. D. L. E.

Il faudrait passer ce tableau à quelque paroisse de campagne qui y verrait le martyre de quelque saint, par exemple l'envoyer à la belle église de Montréal près Carcassonne.

J'ai revu l'ignoble figure de Libertat. Sans le savoir, ou en le sachant, le sculpteur a réellement fait un plat héros de ce fou de Cour, et portant avec honte les honneurs dont l'a accablé ce grand roi, juste appréciateur du mérite : Henri IV.

Les tableaux de Serre, si modernes et si vrais, font un plaisant contraste avec ce fat d'*Annibal haranguant ses soldats*. Annibal fat ! Ils me font songer à ce tableau auquel le jury refusa l'admission au Louvre lors de l'exposition de 1837. Il était de M. Bard et je le vis au Cercle des Arts. Ce tableau de M. Bard ne serait point battu par le voisinage de ceux de Serre.

— Marseille, 15 mai 1838.

Il est un acte de vaudeville que je viens de voir ce soir au Gymnase et dont l'historien futur du temps actuel fera particulière mention si, par hasard, cet historien est autre chose qu'un phrasier, qu'un beau parleur académique, et s'il

a un peu observé par lui-même. C'est le
second acte du *Gamin de Paris*. Je viens
de le voir captivant un auditoire de Marseillais et de Marseillaises en colère. On
venait de siffler à toute outrance un ac-
teur, horriblement laid et vieux qui veut
jouer le gamin ; l'orage avait duré vingt
minutes ; deux fois le commissaire était
intervenu ; il avait mis son écharpe ; il
avait parlé au public. Il a obtenu un
moment de silence. Le premier acte a fini ;
le second a commencé sur-le-champ. Après
deux minutes, cette salle pleine de Pro-
vençaux était attentive et silencieuse à
entendre voler une guêpe. Il faudrait que
les Russes tuassent la moitié de ce peuple
pour lui ôter le fanatisme de l'égalité. Je
n'ai vu aucun ouvrage faire frémir le public d'attention profonde comme celui-ci.
A la fin tout le monde pleurait. C'est le
triomphe de l'égalité par le mariage de la
pauvre fille séduite avec le fils du général
pair de France.

— 16 mai.

J'écris de Gémenos et des bois de
Saint-Pons. Marseille a réellement des
environs charmants. La délicieuse verdure des bords de l'Huveaune l'emporte

à mes yeux sur la verdure des bois de Verrières pour la simple raison que, sur les bords de l'Huveaune, l'ombre est un besoin, tandis qu'aux bois de Verrières elle n'est que l'image d'une chose qui ailleurs est délicieuse. Les trois quarts du temps, dans les bois de Verrières, je cherche le soleil.

Comment peindre celui de Marseille à qui ne l'a pas vu ? J'ai demandé une phrase sur les bois de Saint-Pons à mon compagnon de voyage. Il s'est écrié : « Doux souvenir que celui de ce bois de Saint-Pons qui s'élève avec des ombres si touffues, des bruits d'eau au fond des ravins, des gémissements de brise à travers les branches, des luttes charmantes d'obscurité et de lumière au pied de la haute montagne, vaste réservoir de la source. L'eau de cette fontaine s'est fait des lits tapissés de mousse, des bassins où elle bouillonne avec des franges d'écume, des ravins où elle luit avec des rideaux d'ombrages. Assis près de la source, nous apercevions à travers de gigantesques arbres les murailles vertes de lichens et de mousses de la vieille abbaye. Mon compagnon tira alors de sa poche un manuscrit, et me lut la chronique de Blanche de Simiane... »

Un des membres fort aimable de cette

terrible Intendance de santé à laquelle je
voudrais voir rogner les ongles, m'a conduit
à leur bureau et à la consigne. Le soleil est
une chose si belle, mais si terrible à Marseille que nous avons pris pour l'éviter les
vilaines rues qui doublent le fameux quai
de la Bourse [1].

Les grandes et magnifiques croisées du
Bureau de la Santé ont pour parterre, à
trois pieds en contre bas, cette mer bleue
et étincelante de l'entrée du port. Le bureau de ces inquisiteurs forme réellement
le plus joli salon de Marseille.

En entrant, vis-à-vis la porte, la *Peste
de Milan* par le Puget. Détails vrais,
intéressants, variés. Ce bas-relief fait par
ce grand artiste est un tableau comme
nos tableaux modernes sont des bas-reliefs.
Celui-ci a une profondeur étonnante.
Il y a loin de cette jambe de pestiféré
qui sort au premier plan à cette femme qui
se jette sur le corps de son mari, que la
peste vient de lui enlever. Componction de
ce bon saint Charles Borromée qui regarde
le ciel. Ce saint Charles n'est ressemblant,
ni au physique, ni au moral. Il avait ce

1. Tout le monde, j'ai tort, mais les gens sans vanité,
l'homme qui écrit par exemple, habiteraient ce quai si bien
situé, si gai, où éclate à tout moment la gaîté méridionale,
sans l'exécrable odeur du port. Réellement les gens de
Marseille devraient vendre leur chemise pour amener la
Durance dans leur port.

nez immense, naturel à son long visage. Il était jeune et déterminé. Quelle que fût sa pensée sur la bonté de Dieu qui donne la peste ou la laisse arriver, il ne s'arrêtait pas à regarder le ciel ; il prêtait secours et administrait les sacrements aux moribonds avec la même ardeur que jadis il intriguait dans le conclave.

Le Puget était digne de représenter un tel sujet ; comme Serre, il eût payé de sa personne. Son bas-relief, aussi peu bas-relief que possible, n'a point le *contour arrêté* de l'antique. Ces contours trop distincts sont une absurdité pour tout ce qui est sur le second plan. Mais le bas-relief est un mauvais genre d'ouvrage, qui n'est bon que quand il fait inscription.

Ce chef-d'œuvre de Puget fut acheté par l'intendance sanitaire après la mort de l'artiste, le 25 mai 1730, au moment où le petit-fils de Puget l'envoyait à l'étranger pour être vendu.

Ce que le hasard fit en 1730 devrait servir de règle : jamais n'acheter des ouvrages d'artistes vivants.

Les tableaux qui environnent le bas-relief de Puget ont été réunis par un principe contraire. Dieu sait aussi ce qu'on dira d'eux dans un siècle !

A gauche du bas-relief, on voit le tableau le plus célèbre. David le peignit

à Rome vers 1780 ; c'est la Madone, saint
Roch et des pestiférés. Comparé à Restout,
Van Loo, Coypel, c'est un chef-d'œuvre.
La figure nue, couchée sur le premier
plan, n'est pas mal ; le dessin est beau et
ne manque pas de vigueur. Mais toutes
les chairs sont grises. C'est d'avance le
coloris de M. Ingres. La madone a du
rouge.

A droite du Puget, M. Gérard a peint
Mgr de Belzunce distribuant du pain
aux malheureux. Ce grand homme, de
tant d'esprit, a fait cadeau de ce tableau.
On me raconte à ce sujet le *cadeau forcé*
auquel il fut obligé. Nous parlerons de ceci
plus tard.

On voit, vis-à-vis les croisées, le buste
du jeune médecin français Mazet que son
zèle avait conduit à Barcelone lors de la
fièvre jaune. Le Roi l'établit à l'Intendance sanitaire. Par égard, je ne nommerai
pas le peintre.

M. Paulin Guérin a peint le dévouement
du chevalier Roze allant faire enlever
1.200 cadavres depuis 15 jours sur l'esplanade de la Tourette. Son grand cœur
indigné pour l'affreux péril lui fait découvrir que deux antiques bassins donnant
sur la mer sont creux ; il y fait transporter ces tristes débris. Roze n'était
qu'un bourgeois. C'est M. de Belzunce

qui est le héros de la peste et que célèbre
l'abbé Delille.

Deux cents soldats, trois cents forçats,
que Roze conduisait, reculent d'horreur.
« Qu'est ceci, mes enfants », s'écrie-t-il ?
Il descend de cheval et prend un corps
dans ses bras. Tous les forçats, à l'exception de deux, étaient morts trois jours
après. Roze en fut quitte pour une légère
maladie.

[T OULON, le 17 mai 1838][1].

Arrivé à Toulon le 17, à cinq heures,
par une pluie battante. Levé à trois
heures, j'étais fatigué ; je me place, de
désespoir, sur le canapé d'une chambre
petite, mais fort propre, à l'anglaise, et je
m'endors jusqu'à huit heures. Il n'y avait
rien à l'hôtel à cette heure indue. Je vais,
en tâchant d'éviter la pluie et un ruisseau
d'eau claire de trois pieds de large, à un
café borgne où je trouve une politesse

1. Écrit à Toulon à la *Croix d'or*.
Je n'ai pas le temps de passer à l'encre toutes mes notes
au crayon de mon joli voyage de Grasse.
Voici l'itinéraire du moins :
Le 16 mai, à deux heures, je pars pour La Ciotat. Singu-
lière route après Aubagne. J'arrive à la nuit à La Ciotat ;
pas de café potable.
Le 17 mai. A trois heures et quart sur la plage à humer

parfaite. Le contraste avec le naturel *parfait mais grossier,* caractère du pays provençal, fait que je suis charmé de la politesse de la mère et de la jeune fille qui tiennent ce café, à côté de la *Pomme* ou *Cloche d'or.*

Je trouve sur la porte où me retient la pluie battante, un Américain mulâtre et moral qui endoctrine un petit décrotteur. Le domestique de l'Américain, âgé de 15 ans et tout aussi moral, m'amuse fort et me fait pitié. Le décrotteur, âgé de huit ans, ennuyé d'eux, finit par s'en aller.

En me levant, un peu de soleil ; mais bientôt pluie fine et vent d'ouest terrible. Que devenir ? Je n'ai pas de parapluie et

l'air tépide du matin ; plus jolie sensation de tout le voyage depuis Paris.

A quatre heures, départ pour Aubagne. Arrivé à 8 heures ; je flâne, doutant de trouver une place. M. Bartholon, véritable physionomie de savant. Fumée ; odeur exécrable jamais éprouvée dans le nez. A 10 heures départ pour Toulon ; pluie à verse : un provincial à tête étroite et un Marseillais naturel dans la diligence. Je m'endors pour les gorges d'Ollioules. Pluie à verse ; superbe nature ; beaux platanes à Ollioules et de ce village en descendant à Toulon.

Il fait une telle pluie que je ne sors de la *Croix d'or* que pour aller dans un café fort poli prendre une tasse de café au lait vers les 9 heures et demie.

18. Je cours malgré la pluie. Mal aux entrailles. Je noblifie ma journée en osant aller à La Seyne par un vent infâme de mistral commençant, mais il se trouve qu'il n'y a pas de mer et la *mer* seule influe sur les bateaux à vapeur. 4 sous pour aller, autant pour revenir. Galanterie du patron en allant. La... * voulait m'engager à lui parler. J'aime mieux rêver.

* Un mot déchiré.

seulement deux chemises. Je n'étais parti de Marseille que pour La Ciotat. Rêvant toujours à juger et à décrire le pays, je tombe dans les oublis les plus funestes pour moi.

Je vais voir le champ de bataille et le port.

J'admire les grands arbres du champ de bataille, presque tous platanes. Je suis furieusement choqué d'un volet vert au jardin du Préfet maritime. Quelle laideur ! Il faudrait une grille.

La pluie fine et le vent violent d'ouest me persécutent sur le port. J'entre dans un beau café. Café mauvais. Le garçon l'avoue à quatre jeunes gens ; et pourtant, café fort élégant ; lambris et moulures.

J'hésite à aller à La Seyne par le petit bateau à vapeur ; je me dis : le temps ne peut pas être pire ce soir.

Toulon, ville concentrée à l'*utile*, avec ses rues droites et étroites, paraît bien laide sans les platanes. Il est vrai qu'on les mutile étrangement ; mais sans cela, il n'y aurait pas d'ombre.

Très joli boulevard nommé rue Lafayette ; trottoirs de douze pieds de large, fort bien pavés de briques de champ. La chaussée du milieu, destinée aux voitures, est fort bombée et pavée de magnifiques pierres carrées, plus grandes

que le grès de Fontainebleau qu'on emploie
à Paris. Les trottoirs sont terminés par
les beaux platanes qui sortent des briques,
après quoi, vient une bordure de grosses
pierres près d'un ruisseau d'eau claire coulant fort vite, comme à Tarbes.

Cet ensemble doit être délicieux en été,
dans ce pays de poussière et de lumière
éblouissante. Avant-hier, la lumière et
le blanc du chemin me firent réellement
mal aux yeux en allant de Marseille à
Aubagne.

Toulon a plusieurs petites places entièrement remplies par des platanes qui
cachent le ciel. Celles-ci abondent en fontaines fort jolies, quoique sans luxe. A
l'extrémité de la rue étroite qui aboutit au
parc, à côté des fameuses cariatides du
Puget, une fontaine, formée par un petit
obélisque surmonté de deux têtes fort belles,
accolées comme des têtes de Janus, produit un effet remarquable de *beau antique.*

Je considère longtemps avec respect
les deux statues du Puget. Sur le balcon,
je lis avec peine la date de 1657, ce me
semble. Heureusement il y a deux cents
lieues de Paris à Toulon. Il y a loin des
cariatides aux sottises que Le Brun allait
bientôt étaler à Paris. Guirlande de fleurs
réunissant ces deux êtres malheureux au
mascaron du milieu du balcon. Ce luxe de

fleurs est mauvais, ce me semble. C'est d'avance la manie des guirlandes qui distingue la pauvre et lâche architecture de Louis XV.

Au reste, le *naturel* charmant du Puget n'était pas ce qu'il fallait ici. Il fallait le *fort* de Michel-Ange, quelque chose comme cet esclave admirable que l'on voit au rez-de-chaussée du Louvre, sous l'horloge.

Mais ce naturel est comme la délicieuse cantilène de Rossini sur les paroles les plus atroces du juge de la *Gazza ladra*. A propos d'un couvert volé qui va faire pendre la jeune fille, le juge à qui elle a résisté et qui se venge par la fureur, s'écrie : *Vuol dir lo stesso.*

Pardon pour cette longue comparaison ; je voulais dire que le *beau* donné par des hommes tels que Rossini ou le Puget vaut cent fois mieux que le *convenable* de ces artistes qui mériteraient plutôt le nom d'artisans et dont le vrai talent est celui de plaire au chef de division qui commande les travaux.

Je l'avouerai, je suis un voyageur imparfait et le lecteur n'a pas besoin de mon aveu pour s'en apercevoir. Je n'ai pu prendre sur moi, par ce temps sombre, par la pluie si contrariante, par le vent désagréable, d'aller voir le grand établissement de la marine, le Caducée, etc...

J'avais horreur surtout de rencontrer des *forçats*. Le *laid* m'opprimait déjà bien assez de tous points, moi qui supporte les fatigues de la diligence et de mauvaises chambres dans l'espoir de rencontrer quelque chose de beau. Je n'ai pas à me plaindre. Je n'oublierai jamais la mer vue à trois heures du matin avant-hier à La Ciotat. Cette vue est égale aux plus belles vues des *Monti di Brianza* et des lacs au nord de Milan qui me donnaient des transports de bonheur si ridicules de 1814 à 1821 quand j'étais fou de la peinture et de plusieurs autres choses. (Angélina, Mathilde D.)

L'âme exaltée ou seulement touchée par le souvenir de cette annonce de l'aube vue à La Ciotat, va être pénétrée aujourd'hui de la douleur la plus pénétrante par la vue de quelque chose de trop laid. Je ne puis donc observer beaucoup de choses. Quelquefois *mépriser* est un supplice pour moi ; et ceux qui connaissent la France de 1838 me rendront cette justice qu'il me faut quelque adresse pour n'être pas tué par le *mépris*.

Grand Dieu ! quelles anecdotes sur des magistrats bien payés n'ai-je pas rencontrées sur ma route de Bordeaux à Bayonne, Pau, Narbonne, Montpellier et Marseille ! Quand je serai plus vieux et plus bronzé, ces choses si tristes paraîtront dans l'*Histoire de mon temps*. Mais, grand Dieu ! quelle laideur ! Le monde a-t-il toujours été aussi vénal, aussi bas, aussi effrontément hypocrite ? Suis-je plus méchant qu'un autre ? Suis-je envieux ? D'où me vient cette envie démesurée de faire donner une volée de coups de bâton à ce magistrat de... par exemple ? Et cet homme a l'air si avenant dans les salons de Paris ! Il raconte même avec une certaine grâce. Grand Dieu ! que n'a-t-il pas fait dans cette petite ville de 3.000 habitants ! J'en suis sûr ; en lisant ce trait on croira qu'à Paris il a humilié ma vanité. Si je me laissais aller à imprimer de telles choses on croirait ce voyage écrit par Juvénal. Heureusement pour moi, après les avoir écrites, je les oublie complètement; elles ne me reviennent qu'en voyant les noms de ces hommes briller dans le journal. Grand Dieu ! quelle canaille !

L'un d'eux, le plus doux, le plus accueillant qui, dans un salon, a l'air d'un abbé de l'ancien régime, a fait guillotiner des innocents, que le soupçon ne pouvait pas même atteindre. Je le regarde souvent avec un étonnement muet. Il fit cela légèrement, comme il eût décidé de la couleur d'un ameublement. C'est le souvenir de cet abbé de cour qui me serre tellement le

cœur à la vue des petites infamies de 1838.
Le sang politique ne coule pas sous Louis-
Philippe ; mais si les mœurs de 1816 revenaient, ces gens que je ne nomme pas fe-
raient couler le sang, comme ils font des
friponneries, en parlant vertu et moralité.

Le grand et triste précipice que j'ai sans
cesse à éviter et où s'abîmerait pour jamais le faible sentiment que ce voyage peut
imprimer aux esprits dominés par la crainte,
c'est le *mépris*.

Le lecteur ne s'en serait pas douté ;
si je crois pouvoir publier l'*Histoire de mon
temps*, le lecteur pourra voir avec les mêmes
dates de ce voyage quelles choses basses,
plates, infâmes d'hypocrisie, j'ai eu le
malheur de m'entendre raconter et de *vérifier souvent*. J'ai sacrifié des journées
entières dans des pays fort laids et que
ces anecdotes me faisaient prendre en
horreur pour vérifier quelquefois un seul
fait. Et encore comme juge, je ne pouvais
pas condamner ; je ne suis pas arrivé à
cette certitude-là.

Aujourd'hui, poursuivi par cette pluie
infâme, je suis allé deux fois au cabinet
littéraire. J'étais très ennuyé. Enfin, à
trois heures, je me suis souvenu de ce
que le général M[ichaud] me raconta,
comme l'ayant vu la veille : un soldat qui
fuyait et qui se méprisait soi-même, ar-

rête un cheval, renouvelle l'amorce de
ses pistolets, fait monter ce cheval du
chemin derrière la haie, tue un ennemi, en
blesse un autre, et, de ce fait, arrête une
déroute qui, avant peu, pouvait être de la
plus grande conséquence.

Le général lui dit : « Vous serez briga-
dier demain, maréchal des logis avant la
fin de l'année. » Cet homme mérita, par
sa conduite, d'être sous-lieutenant avant
la fin de la campagne.

Comment, après une célébrité si magnifique, oserais-je dire que j'ai ennobli et,
par le fait, désennuyé ma journée en montant sur le bateau à vapeur, à trois heures,
au moment où personne ne pouvait se
tenir sur le pont ? Le vent violent en venant, par rafales, me jetait la pluie au
visage. Il me fallait constamment tenir
mon chapeau d'une main. Cette baie de
Toulon, grande comme un petit lac, était
aussi agitée qu'elle pouvait l'être. Et cependant, pour tout dire, le bâtiment n'a
pas dansé, mais il nous a fallu une heure
pour gagner la jolie petite ville de La Seyne.
J'ai été amusé par la galanterie d'un matelot transi (?) avec une fort jolie femme, ma
foi, de la classe du peuple aisée, que la chaleur avait chassée de la chambre en bas, avec
une de ses compagnes. Il l'a couverte d'une
voile pour l'abriter un peu, elle et son

enfant, mais le vent violent s'engouffrait
dans la voile et la dérangeait ; lui, chatouil-
lait la belle voyageuse et la découvrait
tout en faisant semblant de la couvrir.
Il y avait beaucoup de gaîté, de naturel
et même de grâce dans cette action qui
a duré une heure. Ceci se passait à un
pied et demi de moi. L'amie non galantisée
faisait attention à moi et me disait : « Ce
monsieur se mouille. » J'aurai dû parler
avec elle ; c'était une belle créature ; mais
la vue de la grâce me faisait plus de plaisir. La belle prévenait le matelot quand
elle pouvait. A une de ses premières ga-
lanteries qui était un mot à double en-
tente, elle lui a répondu vivement :
Merde.

La Seyne, jolie petite ville de 8.000 âmes,
m'a dit le cafetier — il ment peut-être. —
Joli petit séjour pour un homme ruiné ;
rien de beau et de sublime de plusieurs
sites de ma connaissance, par exemple
à Sestri di Levante, entre Gênes et Sar-
zana. Mais ici on est en France ; pas de
possibilité d'être vexé par le prêtre ou
le gendarme. Je suppose toujours que le
pauvre diable réduit à 1.800 francs de
rente qui se réfugierait à La Seyne, irait
à la messe et ferait ses pâques.

Bonne conversation avec un sergent de
matelots (42 francs par mois) qui arrive

d'Alger... vient de quitter après 24 ans de service.

J'ai vu, malgré la pluie, de beaux bateaux à vapeur en construction.

Le retour à Toulon, favorisé par un fougueux vent d'ouest, a été rapide. On avait mis une voile. Cette course coûte 4 sols.

J'étudiais ou plutôt j'appliquais au terrain l'histoire du siège de Toulon que j'ai écrite[1]. Mais on est confondu par la quantité de forts qui entourent cette rade, et encore ils changent de noms tous les dix ans, suivant les gouvernements qui règnent à Paris. Quand j'étudiais Toulon en 1828, plusieurs de ces forts avaient d'autres noms.

L'eau du port est limpide et ne sent pas mauvais.

Le quai est plus large que le charmant quai de la Bourse à Marseille. Il est à peu près de la même portée, orienté de même. Mais l'hiver, on est glacé sur ce quai, par le vent du Nord, m'a dit un négociant de ma connaissance. A Marseille, le quai de la Bourse est une petite Provence, comme on dit dans le nord, et, en hiver, l'eau du port n'a presque point d'odeur.

Ce soir, chose que je n'aurais jamais

1. Stendhal en 1836 et 1837 avait travaillé à une *Vie de Napoléon*. N. D. L. E.

crue, je me suis réjoui de l'apparition du
mistral. Je l'ai vu naître en revenant de La
Seyne. En sortant du joli petit port de
cette ville, le temps était noir ; au moment
d'entrer dans le port de Toulon, on a pu
distinguer au ciel la place où était le soleil. Dans ce moment, le mistral fait aller
toutes les portes, et dans la rue, on est en
manteau.

A la table d'hôte, j'ai dîné vis-à-vis de
beaux officiers de Paris qui, demain, partent
pour l'Afrique. Fatuité presque involon-
taire de ces messieurs en parlant à un brave
officier de marine, il est vrai d'un ton fort
naturel et fort simple, qui arrive d'Afrique
et qui y a été plusieurs fois.

Ce bon marin, quoique brûlé par le soleil
a toute la bonhomie d'un Allemand. Il se
trompe sur le nom d'un général qui commande sur un point en Afrique. Immense
mépris avec lequel ces messieurs le re-
lèvent, air jeansucre quoique poli, qui dirait : « Grand Dieu ! comment peut-on
commettre une erreur aussi immense ! » Le
pauvre marin a vu ce ton, mais n'a pas su
se défendre.

« Aussi, Messieurs, j'ai vu changer quarante fois au moins les généraux auxquels
nous avons affaire à Oran, à Bône, à Bougie.
Nous avons pris le parti de ne faire aucune attention aux noms de ces généraux.

Nous disons : le général de Bône. Si l'un
de ces Messieurs avait gagné une bataille,
son nom nous resterait dans la mémoire ;
mais, après six mois, ils tombent malades
ou indisposés et disparaissent, etc..., etc...»

Il fallait dire quelque chose dans ce
genre. L'officier de marine, un peu re-
froidi par cette profonde pitié que son erreur avait causée aux officiers de Paris,
ne leur a plus donné de renseignements.

Ces jeunes officiers, fort braves et ne
respirant que bataille, ont fort grand peur
de la fièvre. Tel camp mal choisi a servi
de cimetière aux deux tiers du régiment
qu'on y avait campé et dont je ne donne
pas le numéro. Un emplacement parfaitement sain et militairement aussi bon
était à dix minutes du camp funeste où la
bêtise du général a coûté 800 hommes. Hé
bien ! ces brillants officiers dont la tenue
avait une simplicité admirable, n'ont pas
cette idée si simple : Quand on se met *sous
le vent* du désert et au nord d'un marais
sur lequel il passe, fût-on sur une montagne, on est empoisonné. Souvent la
fièvre ne paraît qu'après vingt jours. On
peut l'avoir à cent lieues du lieu de l'em-
poisonnement. La saignée est mortelle.
Nous autres qui avons habité les pays
chauds, nous savons cela. Le petit officier de marine à la tournure subalterne

allait leur dire tout cela, lorsqu'il a été
glacé par le ton de tristesse et de pitié
profonde de ces messieurs, à propos du
nom changé d'un général inconnu. Cette
comédie m'a amusé. Un jeune homme de
Paris, silencieux et non militaire, cher-
chait par son grand air à faire apercevoir
de son mérite. Il avait le nez très agréablement aquilin, le front de même arrondi
et fuyant, vraie figure du siècle de
Louis XIV, à laquelle la hauteur semble
fort naturelle (le chef d'escadron Gui-
bert dans la fameuse diligence de Tarbes
à Auch où l'on dit tant de sottises).

Toutes celles des rues de Toulon qui ne
sont pas parallèles au port sont en pente
et ont deux ruisseaux qui courent avec
une rapidité charmante. De tous côtés,
dans les moments de silence, on entend
ce gazouillement des eaux vives. Je n'ai
pas rencontré une seule voiture. Seulement devant mon hôtel (en province on
ne dit jamais auberge) et sous les grands
platanes qui me cachent entièrement le
premier étage des maisons vis-à-vis, il y a
huit ou dix diligences.

Derrière l'Arsenal de terre, sur le rempart, il y a des platanes sur lesquels, à
quinze pieds de hauteur, on pourrait établir des salons de vingt personnes comme
dans les cafés de Brunswick, Leipsick, etc.

Taillésd'abordhorizontalementpourdonner
de l'ombrage, on a laissé croître des branches
verticales, quand on n'a plus songé à
l'ombre.

Tous les grands bâtiments construits par
le gouvernement offrent quelque sottise
énorme. Comme en allant à La Seyne, je
regardais le grand hôpital de Saint-Mandrier vis-à-vis de Toulon, de l'autre côté
de la rade, j'ai demandé à un marin ce
qu'on en faisait :

— Rien monsieur, il n'y a pas un chat ;
il est exposé en plein au mistral (nord-
ouest). C'est inhabitable.

— Cependant, en cas de peste ou de fièvre
jaune, lui ai-je dit, Saint-Mandrier serait
désinfecté par le mistral[1]...

L E Luc, le 19 mai.

Je pars de Toulon à 9 heures et
demie. On m'avait dit à 8 h. 3/4 pour
9 heures. Je fume mon cigare sous ces platanes dont l'ombre réunit les 15 ou 20 diligences placées vis-à-vis la *Croix d'or*.

Temps superbe que nous devons à ce

---

1. Ecrit ceci le 18 au soir. La fatigue l'emporte ici et je
vais me coucher à 1 h. du matin. J'écrivais sans y voir à la
lueur de deux maudites chandelles dont j'avais volé une
obligé de les moucher à toute minute.

vent de mistral. La Provence charmante
au mois de mai. Ce Champ-de-Mars de
Toulon que je n'ai jamais vu que couvert
d'un demi-pied de poussière et les arbres
poudrés à blanc, est charmant aujour-
d'hui. Un petit ruisseau passe au pied des
platanes et les arrose comme aux boulevards neufs de Marseille.

Toulon est à la veille d'avoir un grand
faubourg du côté de La Valette.

Vivacité de mes deux compagnons de
voyage qui ne songent pas à la vanité et
me disent toutes leurs affaires. Ce sont des
officiers de santé, souvent employés sur
les vaisseaux. L'un d'eux est allé voir sa
maîtresse à Toulon et meurt de froid aujourd'hui.

Cuers, 20 mai 1838.

On change de chevaux à Cuers, c'est-
à-dire qu'on y passe une grosse demi-
heure. Depuis que la diligence a vaincu
la concurrence, elle va souvent au pas.

A Cuers, je mange des cerises pour la
première fois de cette année. Cette petite
ville serait assez laide sans les platanes. Le
magnifique platane planté devant l'Hôtel-
de-Ville fait décoration. Magnifique son
de la cloche. J'entre dans l'église; rien de

plus plat ; voûte gothique avec nervures ; forme de jeu de Paume. La place n'est pas mal à cause des grands arbres.

Nous prenons un paysan à l'air malade ; il est très fin ; il ressemble à Jules. Plus loin, un soldat médecin arrive. Il nous raconte sa chasteté envers une grecque de 19 ans, femme d'un officier employé à Alger [1]...

Ces paysages de Provence, que je vois non poudrés pour la première fois de ma vie, me plaisent beaucoup.

Le sol se compose de trois pieds de terre sur un rocher rougeâtre qui paraît à chaque instant. Nous voyageons avec les montagnes à gauche ; à tout moment dans le chemin, revers de pavé pour laisser couler les petits ruisseaux venant de ces montagnes. Ces revers de pavés donnent de rudes secousses à la diligence.

Ma vue est réjouie par une petite montagne parfaitement verte et couverte d'herbe jusqu'au sommet, spectacle rare en Provence.

Je suis étonné de la beauté des oliviers du Puget ; je dis *beauté*, quoiqu'il n'y ait pas au monde d'arbres plus laids. Ils ont toujours l'air cacochyme et amputé, mais enfin, au Puget, ils sont gros. Mes compa-

1. Quelques mots illisibles. N. D. L. E.

gnons de voyage m'expliquent que seuls
de tous les oliviers de la Provence, ils ne
gelèrent pas.

G RASSE, dimanche 20 mai.

    Hier, à demi endormi, à Dragui-
gnan, je suis frappé de cette idée : il ne
me reste que 46 francs, en défaisant le
rouleau, pour payer la dame de la diligence (appelée Madame veuve Boivin, dont
le mari s'en est allé, à 38 ans, à force de
mériter son nom). A la vérité il rempla-
çait le vin par de l'eau-de-vie. C'est une
femme d'ordre, qui m'a appelé, qui a
refusé une pièce de 15 sous par moquerie.
    Donc, budget de ....46 francs.
    En arrivant à Cannes demain, à 2 heures,
j'aurai payé :

Dîner du dimanche	2,50
Etrennes	1
Chambre	2
Blanchissage	0,75
Déjeuner du dimanche ....,......	1
Voyage	6
	13,25

Reste.................... 33 francs.

Avec cela peut-on voir Fréjus ? Il faudrait ne pas s'arrêter à Toulon et filer malgré la fatigue.

Dégoût. — Début à Grasse. (Jolie servante.)

Depuis bien longtemps, 20 ou 25 ans, j'éprouve un moment de dégoût profond, une heure après être arrivé dans une ville, et plus je me suis fait une image charmanté de la ville, plus mon imagination s'en est occupée, plus vif et plus pénible est le moment du dégoût.

Je viens seulement de voir le pourquoi à Grasse (le 20 mai 1838). Je suis obligé de m'occuper de petits soins terrestres : chercher un café, chercher une chambre, empêcher qu'on ne me trompe, etc., etc... Toutes ces *vilenies* distraient mon âme de ses charmantes rêveries.

Donc foule d'entraves que l'on voudrait loin et pour la première fois, depuis 8 ans, je suis forcé de songer à l'économie. Je n'ai plus que 46 francs pour retourner à Marseille. Pourquoi n'avoir pas pris 200 francs ; pourquoi ne pas avoir toujours 10 napoléons cousus dans une ceinture ? Mon imagination l'emporte, je me livre au plaisir de *rêver* et je néglige les soins terrestres nécessaires.

J'arrive à 11 heures. J'étais parti de Draguignan à 2 heures du matin, après être resté au lit une heure et demie. Diligence qui me semble une patache tant elle est dure et le chemin mauvais ; à chaque instant, *revers de pavé* chargés de pierres par les dernières pluies et que l'on passe au grand trot. Odieux revers qui me font mal à la tête dans le coupé. Je me réfugie dans la rotonde où, par bonheur, il n'y a personne. Vilain paysage de montagne ; champs couverts de pierres ; je meurs de sommeil et de fatigue.

Vers les 9 heures et demie, après avoir passé une rivière et remonté une montagne qui n'en finit plus, la culture recommence ; petits murs de soutènement les uns au-dessus des autres ; j'en compte souvent jusqu'à 12 formant un système ; à la vérité, ils n'ont que deux ou trois pieds de haut. Les champs sont pleins d'oliviers, de figuiers et de mûriers. Patience de ces pauvres paysans à arranger les pierres qui les désolent. C'est ce qu'à Genève on appelle *culture cananéenne*, car il faut de la Bible partout pour être estimé ; beaucoup de gens en ce pays-là ont vu le pays de Canaan depuis la rivière de Gênes (Lettres de M. Lullin sur l'Italie, très judicieuses, au Canaan près).

En approchant de Grasse, la couleur des feuilles des oliviers devient d'un vert plus foncé ; ils sont gros comme des saules.

Les figuiers sont des arbres qui ont souvent huit pouces de corps, absolument comme sur la route de Portici ; c'est que Grasse est abrité du nord par une montagne nue dans le haut. Enfin, je vois des rosiers cultivés en plein champ. Le vent est au midi et roule de gros nuages ; j'ai peur de la pluie. Tout à coup, j'aperçois Grasse plaqué contre un monticule, entouré de monticules couverts d'oliviers qui semblent vouloir se précipiter sur la ville. Cette [ville] a tout à fait une physionomie génoise. Je n'ai jamais rien vu en très petit, qui rappelât plus complètement Gênes et les villes de son littoral.

On domine la mer qui apparaît à deux lieues. En arrivant, on trouve une terrasse garnie de grands arbres, bien autrement belle que celle de Saint-Germain. A droite et à gauche, montagnes littéralement couvertes d'oliviers touffus jusqu'à leur sommet et, au fond de la vallée, très grande étendue de mer qui, à vol d'oiseau, ne me semble pas à plus de deux lieues.

J'apprends que cette ville est remplie de cercles, ce qui, au moral, la rend fort désagréable pour un étranger. Pas de café propre ; j'ai toutes les peines du monde à trouver le moyen de lire le dernier numéro des *Débats*.

Rues étroites comme dans les villes du

littoral de Gênes. La culture ferait croire à chaque moment qu'on est à Sestri ou à Nervi. Mais absence totale d'architecture et de cafés et mauvaise odeur dans les rues, où l'on fait toujours un peu de fumier suivant l'exécrable usage que j'ai déjà trouvé à Aubagne et au Luc [1].

On n'a pas besoin d'aqueduc ici. A la partie la plus élevée de la ville, une belle source sort de terre ; je suis resté longtemps à contempler ce spectacle du haut du parapet qui domine la source.

Ici, aucun luxe, m'a-t-on dit. Un homme qui a cent mille francs de fortune porte un habit râpé et Grasse compte plusieurs millionnaires tout aussi mal vêtus que le reste de ses citoyens. En revanche, les demi-paysans, qui, aujourd'hui dimanche, peuplent la magnifique terrasse, ont l'air fort cossu.

Le plus bel endroit de cette terrasse, celui où, en Italie, il y aurait force cafés, est occupé par l'hôpital général. J'admets qu'il y ait un hôpital, mais il faudrait le bâtir hors de la ville et rendre le bâtiment actuel à la civilisation. Si les habitants avaient du luxe, ce serait leur lieu de réunion et de plaisir.

1. Sous ma fenêtre, à Grasse, reste de gothique élégant, celui qui précède la Renaissance. Y a-t-il du gothique noir, triste et sévère en Provence, si près d'Arles, de Fréjus et de Nîmes ?

Voici encore une ville qu'un homme ruiné pourrait choisir pour refuge : Granville ou Grasse ; là-bas, la civilisation, la fréquence des idées ; ici, le climat et la charmante culture, et le pauvre diable ne serait pas poursuivi par le luxe des autres, comme à Granville. Je dis cela pour l'acquit de ma conscience, car, à mes yeux, il faut se placer à cent pas de la mer, et non à deux lieues. Ensuite, la moindre petite ville de la côte de Gênes est cent fois supérieure à ceci, mais l'on est en France ici et l'on n'a pas à songer au gouvernement. Le journal arrive de Paris le cinquième jour de sa date.

Réellement, je suis poursuivi jusque dans ma chambre par une certaine odeur de résine qui me fait mal à la tête et qui pourrait bien être l'odeur de la parfumerie de Grasse.

CANNES, 21 mai [1].

Situation à souhait. Là, me disais-je, quand on a horreur des tracasseries du passeport, on peut passer en paix le soir

1. Arrivé à deux heures le lundi 21 mai. Il pleut un peu toutes les heures, mais soleil ; logé à l'hôtel du midi (M. Gimbert, hôte complaisant, mais pas de vue ; maison vis à-vis le midi). Je suis parti de Grasse en tilbury ; c'est selon moi la seule façon de voyager. Je trouve..... le traîne au pas,

de la vie. Je regardais avec envie, du haut de mon tilbury, de charmantes maisonnettes blanches, situées au milieu des grands oliviers et des bouquets de chênes qui couronnent la montagne au levant de Cannes. Mais j'avais compté

sans l'autour aux serres cruelles.

Ce venin caché qui semble prendre à tâche d'empoisonner les plus charmants endroits de la Méditerranée attaque cette charmante montagne. Un M. Dumas (il est de Dieppe) a été obligé de faire abattre les ormeaux antiques qui ombrageaient son château. On a prétendu que cela donnerait plus d'air et empêcherait la fièvre. De malheureuses eaux stagnantes, situées loin de là et surtout infiniment plus bas derrière la pointe de terre qui s'avance

qui me conduit au pont romain et à la vallée du Riou qu'on élargit avec beaucoup de science pour la jetée qui doit être de 250 à 260 mètres (900 mille francs sont votés). Les frères Seguin sont entrepreneurs. 300 ouvriers ; presque aucun du pays ; ce sont des Piémontais qui reçoivent 25 à 45 sous par jour.

Un des frères Seguin a perdu sa femme de 28 ans ici. Il est, dit-on, à Vienne, une autorité maintenant.

Bon dîner chez M. Gimbert. Eau excellente. Voyage au Riou. Pont romain. Après dîner, je grimpe à l'église. Je lis sur la porte : Consacrée en 1648. Les arcades des chapelles sont en pointe encore en 1643.

...* les plus belles possibles de ce pays.

Je plaisante avec deux jeunes filles de 14 ans assez jolies... annoncées par le tambour.

* Un mot illisible. N. D. L. E.

vers l'île Sainte-Marguerite, du côté de ce golfe de Jouan devenu si célèbre, empoisonnent toute cette montagne. Jadis la moitié de Cannes avait la fièvre au mois d'août. Enfin on a eu l'idée de nettoyer une petite rivière qui coule à l'orient de Cannes et la fièvre a disparu. Toutefois les eaux ménagères et les trois égouts de Cannes empoisonnent la jolie promenade sur le bord de la mer.

Lord Brougham a fait élever son joli petit château au couchant du promontoire couronné par l'église de Cannes, Notre-Dame-d'Espérance, au delà du torrent du Riou qui a l'honneur d'être traversé par un pont romain sur lequel je viens d'avoir l'honneur de passer. Il n'a rien pour lui que son antiquité. Il est bâti en petites pierres plates (petit appareil) et en vérité, il est si *bourgeois*, si dénué de tout ce qui parle à l'imagination, si différent de celui de Vaison que j'ai peine à le croire romain.

Cannet, village derrière Cannes, à 10 minutes de Cannes et de la mer, où j'ai vu les orangers en pleine terre et les aloès commençant à former les haies [1].

---

1. Le 22 mai je dois partir à 6 h. pour Le Luc où l'on arrive à 6 h. À 10, on part pour Toulon où l'on arrive le 23 à 7 h. et le soir à 6 h. à Marseille.

[M]ARSEILLE], 24 mai 1838.

Ascension. Jour et soleil magnifiques. Ce soir, monde fou au Gymnase pour Mlle Séral qui danse les danses espagnoles. Les danses espagnoles font tant de plaisir en France parce qu'elles font voir le *brio*, que la vanité rend impossible en France, et le *brio*, qui serait si ridicule à Paris, est l'image du bonheur.

Il y a eu une danse de jalousie entre paysans qui a excité des transports ; on a jeté une couronne sur le théâtre. Quels gestes ignobles !

Que Mlle Chameroy serait surprise de voir applaudir ces choses ! Le lecteur, né peut-être vers 1812, ignore, et c'est tout simple, que, vers 1804, Mlle Chameroy fut une danseuse charmante qui mourut au commencement du Consulat et que les prêtres refusèrent d'enterrer, pour *tâter* le gouvernement du premier consul.

Quand il faudra que nous quittions la scène du monde bien vieux, bien vieux, nous ne pourrons jamais nous imaginer ce qu'on fera trente ans après nous. Rien de plus simple : le contraire de ce qu'on faisait de notre temps. Je me figurais l'élégante, la charmante Chameroy voyant applaudir Mlle Séral. Et qu'on ne s'y trompe pas : Mlle Chameroy serait aussi choquée des grâces de la charmante Elssler dans le *Diable boiteux* que de Mlle Séral, et bien plus peut-être. Car elle aurait assez d'esprit pour sentir que Mlle Elssler lui est aussi supérieure que les poèmes de M. de Lamartine à ceux de l'abbé Delille, dont la bonne compagnie raffolait en 1804.

— 27 mai.

Grande parade sous l'ombre des beaux arbres des allées de Meilhan. Les colonels commencent à être bien gros pour faire la guerre. Comment courir dans les vignes de Rivoli ou de la rivière de Gênes avec ces carrures-là ? Peut-on faire la guerre, après 45 ans ? Tout le monde avait 25 ans à l'armée d'Italie qui passa le pont de Lodi. Le général en chef, qui avait 27 ans, était plus âgé que les neuf dixièmes de ses soldats. Du génie et de la jeunesse : *sic itur ad astra*.

Il ne serait pas bien à moi de raconter ce que je vois dans le petit nombre de maisons qui me font l'honneur de m'admettre. C'est une des ressources qui sont interdites par l'honneur au Français qui hasarde d'imprimer un voyage en France.

Comment un tel livre ne serait-il pas plat ?

Je serai réduit à parler des impressions qui sont venues à moi au cabaret, (dans les lieux publics).

VAISON.

En passant le pont de l'Ouvèze, je remarque la large et gracieuse vallée que cette rivière ouvre dans les montagnes. Je vois le coteau derrière lequel est situé Vaison, que je vis avec tant de plaisir il y a *** ans.

Les salles basses du musée d'Avignon sont remplies de morceaux et de restes d'antiquités trouvés à Vaison. Les principaux ont 8 à 10 pieds de haut; ce sont des espèces de niches de fontaines et des monuments comme celui de l'abbé Barthélémy à Aubagne. Ces monuments offrent des bas-reliefs d'un dessin exécrable.

A côté d'eux est le roi René à genoux, et derrière lui son chancelier ou son confesseur, le tout de grandeur naturelle et tellement laid que j'en attribue la gloire à quelque artiste allemand.

VALENCE.

Arrivé le 1er juin 1838 à 1 heure du matin.

Valence est fort vilain et surtout pavé d'exécrables petits cailloux pointus et non garnis avec du sable, qui font de la marche une sérieuse affaire et à laquelle il faut donner toute son attention.

Par bonheur, on a laissé un intervalle entre les faubourgs et la ville. On pourrait planter là huit rangs de platanes comme on l'a fait à Marseille, mais en France les grandes villes sont en avance d'un siècle ou deux sur les petites. Je suis convaincu que MM. les échevins de Valence trouvent beaucoup plus beau que du débouché du faubourg Saunière (le faubourg d'Avignon) au Rhône et au pont en fil de fer, il n'y ait pas un arbre. Le Français de l'ancienne roche, le Français dont cette littérature peint le caractère, n'a aucun goût pour les beautés naturelles, au contraire de l'Anglais dont c'est peut-être le seul goût réel, après l'instinct de *lutter contre un obstacle* et de songer à son rang.

Tout ce qu'on fait à Valence en fait d'architecture publique est donc à peu près absurde. On finit en ce moment un palais de justice assez raisonnable, quoique

un peu lourd et, au total, vu la situation du
pays, à 500 lieues de l'Italie, pas mal.
Hé bien ! on l'a niché dans la plus triste
rue de Valence, et c'est dire beaucoup, où,
sans doute, le terrain a eu le mérite de
coûter fort cher. Il eût paru si simple à un
magistrat allemand de placer cet édifice
dans un champ, sur le chemin du pont,
à cent pas du mur de la ville qui est
ouvert de tous côtés, à côté des auberges,
des cafés fréquentés, de la vie actuelle de
la ville. Cet édifice eût été aperçu d'un
peu tous les bateaux à vapeur descendant
le Rhône et eût fait honneur à la ville.
Ce qui est plus sérieux, on y eût respiré un
bon air. J'y voyais plaider une cause, il y
a un quart d'heure ; l'air méphitique m'en
a chassé. Des juges qui passent leur vie
dans cet air malsain n'ont jamais lu un
dictionnaire de chimie à l'article *ventila-
teur*. Et il s'agit d'un bâtiment neuf
qui n'est pas achevé[1]. De plus, pour arriver à leur siège, il leur faut traverser la
foule et j'ai eu l'honneur d'être coudoyé
d'autorité par un Monsieur, vêtu de noir
et à l'air suffisant qui gagnait sa place. Il
était si simple d'imiter, sans luxe, les
cours de justice d'Angleterre ; mais ces

1. A ajouter au palais de justice de Valence. « Conçoit-on
qu'on n'avait pas l'idée d'élever de trois pieds le fond d'une
salle qui est destinée à faire voir ce que font les juges. »

Messieurs savent-ils qu'il y a une Angleterre ?

Il fallait mettre la salle de spectacle
au milieu de la ville. On se retire l'hiver
à onze heures du soir par une pluie froide.
Elle n'est pas mal, petite naturellement
comme la ville le comporte, mais beaucoup
mieux quant à la façade que celle de Marseille, moins bien que celle d'Avignon,
beaucoup moins bien que celle du Havre.
Il fallait une promenade couverte sur le
flanc droit, eût-on dû, par économie,
faire des colonnes en bois. On aurait eu
un café délicieux comme à Bordeaux.

Très jolie petite église de Saint-Apollinaire. Pas un arc pointu, le plein cintre
éclate de toutes parts ; nef du milieu fort
large, séparée des nefs latérales par des
piliers fort légers formés de quatre colonnes
à demi engagées dans un pilier carré. Ces
colonnes n'ont de gothique que leur excessive élévation. La colonne engagée du
côté de la grande nef s'élève beaucoup
plus haut que celles des trois autres côtés.
De tous côtés, surtout aux croisillons de la
croix latine (qui est la forme de Saint-
Apollinaire), on aperçoit une foule de
petites fenêtres en plein cintre avec des
colonnes corinthiennes, qui rappellent les
arènes de l'architecture romaine. Cette
église était jadis dédiée à deux saints

qui perdirent leurs droits lorsqu'y entra
saint Apollinaire, évêque de Valence vers
l'an 500, je crois. L'église actuelle est de ***
(voir la *Gallia chrisliania*).

Saint-Apollinaire a été peint en blanc
tirant sur le gris ; ce n'est pas encore la
couleur naturelle (celle que le temps
a donné à Saint-Jacques de la Boucherie
et que vous voyez de loin), mais cela est
infiniment supérieur à l'ignoble teinte
nankin qu'on a donnée à Notre-Dame de
Paris, à Saint-Sulpice, etc..., etc...

On entre par les nefs latérales ; on
démolit, ce me semble, une grosse tour
carrée de même style que l'église, placée
à l'endroit où devrait être le portail.
J'entrevois dans le chœur de bonnes copies
d'Andrea del Sarto et surtout du Guide.
Une Ascension, tableau moderne, style
de mélodrame, ne fait pas mal au fond
du chœur qui est séparé par un mur plein
de la nef qui en fait le tour. Dans ce lieu
on a prodigué les petites colonnes corinthiennes et le plein cintre comme au charmant Saint-Sernin de Toulouse.

Saint-Apollinaire me paraît charmant,
mais il n'est pas sombre; il n'est pas triste
et laid comme tant d'excellentes petites
églises du nord de la France. Le goût
qui a construit Saint-Apollinaire fut gâté
comme lumière par des souvenirs des édi-

fices païens ; l'architecte ne songeait pas à l'enfer assez souvent.

Bon buste de Pie VI ; air commun, fort ressemblant. Plusieurs fenêtres ont des vitraux colorés ; assurément je ne regrette pas les tristes tableaux en verres colorés dont j'ai vu les chefs-d'œuvre à Auch (ces ouvrages vraiment faits pour des spectateurs du XIVe siècle offensent l'œil par un éclat ridicule, n'ont pas de centre lumineux, etc...) ; mais, ce à quoi je n'avais pas songé, l'absence de ce décor, auprès duquel... [1] est un modèle d'élégance, donne à une église l'air boutique de perruquier. Je le vois à Saint-Apollinaire. Un soleil du premier de juin donnait en plein dans les vitraux colorés ; l'église est toute peinte des couleurs de l'arc-en-ciel.

Près la porte du nord, petit édifice carré avec des arcs en plein cintre, une corniche passable et quatre colonnes à peu près corinthiennes aux quatre angles. C'est de là seulement que je m'aperçois qu'on démolit la belle tour vis-à-vis le lieu où devrait être le portail de l'église.

Sur la place des Clercs, à côté de l'église, je vois qu'à Valence les corniches ont une *saillie convenable*, chose qui manque tellement et qui donne l'air si niais aux maisons de Bayonne, par exemple.

1. Un mot illisible. N. D. L. E.

Près de cette place, une petite maison avec façade toute couverte des ornements contournés du gothique flamboyant, plus force bustes et quelques statues. Cela est bien loin de l'élégance de la maison de Rouen vis-à-vis la cathédrale ou de certaines parties du Palais du Parlement. Cette architecture à Rouen a quelque chose de noble, de privé de sens commun et de chevaleresque ; elle rappelle les héros de l'Arioste (mais un fabricant de Rouen songe-t-il à un fou comme l'Arioste ?) à un homme qui n'arrive jamais à mieux que les appointements et les fonctions d'un sous-préfet. Cette architecture à Valence est plate. Les physionomies oisives que j'ai vues sur le chemin du pont suspendu et qui se dandinent pour avoir des grâces sont bien plus près de l'imagination que l'air occupé, sérieux, courant aux affaires des marchands de Rouen.

Très joli pont et qui ne manque point de grandeur. Un seul appui au milieu du fleuve, et là, un fort joli arc de triomphe en pierres de taille. Je trouve que son style est un peu sévère et se rapproche de celui de la Renaissance.

Ces arcs de triomphe des ponts suspendus vont peut-être déshonorer les arcs de triomphe véritables. Ils sont bien mieux placés en général et un monument aussi inutile qu'un arc de triomphe devait une partie de son mérite à sa rareté. Le voyageur qui est allé de Lyon à Arles en faisant 6 lieues à l'heure a vu vingt arcs de triomphe par exemple, dont plusieurs, comme celui de Valence, sont réellement fort bien ; ce voyageur ne ferait pas vingt pas pour voir l'arc de triomphe du Carrousel.

La roche de Crussol vis-à-vis le pont est horriblement laide ; elle tombe en ruine et cette ruine n'a rien que de vilain. La rive vis-à-vis Valence est non moins plate et laide. Peut-être dans cent ans un homme de goût qui aura du pouvoir à Valence fera planter 500 blancs de Hollande, 200 platanes et 300 peupliers d'Italie sur cette rive si laide. Mais d'abord il faut *voir le laid*, ce qui suppose la connaissance du *beau*. Je me rappelle les rives de l'Elbe à Dresde. Le sommet de la montagne de Crussol qui se dessine dans le ciel d'une façon si nette après le soleil couché est également abominable.

Et avec tout cela, si j'étais condamné à habiter Valence, je me logerais dans un des champs qui dominent de 40 pieds le pont suspendu. On est là à quatre minutes de la salle de spectacle et du centre de la ville. Le faubourg Saint-Nicolas par lequel on va à Romans et Grenoble est, comme le faubourg Saunière, composé

d'une rue fort large. Il y a même quelques
mûriers chétifs dans le grand espace qui
le sépare des murs. Supposez là les allées
de Meilhan. Ce faubourg est très joli et
il ne faut qu'un préfet qui ait, en 1838,
autant d'esprit que M. de Meilhan en 1789.

Pour noblifier un peu cette place aux
Clercs, j'y voudrais une statue de Napoléon
en sous-lieutenant. Les idées qui, en 1789 [1],
régnaient chez M\ :sup:`me` du Colombier et dans
la bonne compagnie de Valence s'étant
logées dans la tête d'un grand homme qui
s'occupait d'autre chose, l'ont empêché
de donner de la monarchie une bonne seconde édition qui trouve des amateurs.
Je crois qu'il ne fallait point d'autre noblesse que la Légion d'honneur, mais alors,
place à part au spectacle pour ces nobles-
là. Je suis enchanté que Waterloo ait
fait justice de toutes ces petitesses qui
nous habitaient. Voyez la littérature de
l'Empire. Maintenant l'Europe nous charge de la fonction de *penser pour elle* ; de
là les contrefaçons de la Belgique qui empêchent de dormir certains personnages [2].

Par bonheur pour le voyageur, les cercles ne dominent pas à Valence comme à
Tarascon, comme dans Avignon ; par
conséquent deux cabinets littéraires. J'ai

1. A voir.
2. *The Kings.*

perdu mon temps dans l'un d'eux, à lire
toutes sortes de pauvretés ; je suis vexé en
regardant ma montre, et j'étais vexé à
Tarascon d'être réduit pour toute pâture
au *National* qui, par état, trouve que tout
va mal.

FIN

APPENDICE

Etat des distances parcourues dans le voyage de 1838, parti le 8 mars, rentré a Paris le 22 juillet 1838, 135 jours (a 16) (je ne compte pas les quarts de poste) [1].

De Paris à Bordeaux ...
De Bordeaux à Toulouse ...
Retour...
De Bordeaux à Bayonne ...
De Bayonne à Saint-Jean-de-Luz ...
De Saint-Jean-de-Luz à la Bidassoa...
En Espagne...
De la Bidassoa à Saint-Jean-de-Luz...
De Saint-Jean-de-Luz à Bayonne...
De Bayonne à Pau...
De Pau à Tarbes...
De Tarbes à Auch...
D'Auch à Toulouse...
De Toulouse à Carcassonne...
De Carcassonne à Narbonne...
De Narbonne à Montpellier (par Béziers et Mezo)...

1. Cet état de la main d'un copiste se trouve sur deux feuilles volantes qui accompagnent le manuscrit du *Voyage dans le midi de la France.* N. D. L. E.

De Montpellier à Nîmes...
De Nîmes à Arles...
D'Arles à Marseille (par le canal et
les...)...
De Marseille à Tarascon...
De Tarascon à Valence (par mer [1] de Mar-
seille à Arles, par terre, d'Arles à Tarascon,
je suis l'évaluation du livre de poste)...
De Valence à Grenoble...
De Grenoble à Chambéry...
De Chambéry à Genève...
De Genève à Villeneuve (par le bateau à
vapeur)...
Retour...
De Genève à Berne...
De Berne à Bâle...
De Bâle à Strasbourg (par Fribourg)...
De Strasbourg à Bade...
De Bade (Ilsezheim) à Manheim...
De Manheim à Cologne...
De Cologne à Rotterdam...
De Rotterdam à Amsterdam...
D'Amsterdam à La Haye...
De La Haye à   (et retour)...
De La Haye à Delfe...
De Delfe à Rotterdam...
De Rotterdam à Mordijck (par le bateau
à vapeur)...
De Mordijck à Breda...
De Breda à Grootzunders...
De Grootzunders à Anvers...
D'Anvers à Bruxelles (chemin de fer)...
De Bruxelles à Paris (par Cambrai, Pé-
ronne et Pont)...

1. Eau.

TABLE

FIN DE LA TABLE

ACHEVÉ D'IMPRIMER LE 10 MARS 1930
SUR LES PRESSES
DE L'IMPRIMERIE ALENÇONNAISE
F. GRISARD, *Administrateur*
11, RUE DES MARCHERIES, 11
ALENÇON (ORNE)